AF259876

Les Flaubert

Vétérinaires Champenois

et les origines

de

Gustave FLAUBERT

PAR M. G. REIBEL

Vétérinaire à Villenauxe-la-Grande

TROYES

IMPRIMERIE Gustave FRÉMONT

Rue Urbain IV, 85

1923

Les Flaubert

Les Flaubert

Vétérinaires Champenois

et les origines

de

Gustave FLAUBERT

par M. G. REIBEL

Vétérinaire à Villenauxe-la-Grande

TROYES

IMPRIMERIE Gustave FRÉMONT
Rue Urbain IV, 85

1913

Les Flaubert

vétérinaires champenois,
et les origines de Gustave Flaubert.

PAR M. G. REIBEL,

Vétérinaire à Villenauxe-la-Grande.

INTRODUCTION

Les renseignements contenus dans ces notes sont dus en grande partie à MM. Railliet et Moulé pour les Archives d'Alfort, à MM. les Instituteurs de Saint-Just, Bagneux, Maizières-la-Grande-Paroisse et Aubigny, et à des recherches aux Archives départementales de l'Aube.

Les Flaubert sont certainement d'une des plus vieilles familles de la Champagne. Plus de 60 communes des vallées de l'Aube depuis Ramerupt, de la Seine depuis Troyes, jusqu'aux confins du département de l'Aube vers l'Ile-de-France, ont eu des habitants ayant nom Flaubert.

On trouve, en lisant l'histoire de Bagneux, de l'abbé Defer, un Denis Flaubert, syndic de cette commune en 1669. La même année, les habitants de Bagneux sont convoqués en Assemblée devant la porte principale de l'Eglise, pour faire la nomination d'un garçon bon et solvable devant servir à la milice. Un des deux désignés fut rebuté, comme hors d'état de servir et étant trop petit et informe. Les habitants, convoqués à nouveau, désignèrent, à la majorité de 63 voix, Jean Flaubert, un des mieux faits, des plus grands et des plus vigoureux de la paroisse. Mais ce dernier se fit remplacer par un nommé Louis Franquet, malade.

Un ordre du Roy ordonne à Denis Flaubert de présenter et d'amener incessamment Jean Flaubert, son fils, sous peine d'être contraint par corps purement et simplement.

En 1676-77-92, c'est encore un Flaubert qui est syndic.

En 1720, le dimanche 25 février, les habitants sont imposés de 270 livres, que l'on doit rembourser à Michel Flaubert sur les deniers de la communauté.

Sous Louis XIV et Louis XV, Bagneux dut pourvoir très souvent au logement de troupes de cavalerie, qui venaient y prendre leurs quartiers d'hiver. C'est ainsi que Constant-Jean-Baptiste Flaubert, né en 1722, ancêtre de toute la lignée des Flaubert qui nous intéressent, eut pour parrain Jacques Jacob, maréchal-des-logis au régiment de Ruffec.

En 1781, 1792-93, les Flaubert remplissent les fonctions d'officiers de l'État-Civil ; ils signent des actes et font suivre leur nom du titre d'artiste-vétérinaire.

1° *Notes biographiques sur Jean-Baptiste Flaubert.*

Né à Saint-Just (Marne), le 17 février 1750, Jean-Baptiste Flaubert est décédé à Bagneux le 28 septembre 1832.

Entré à Alfort le 14 mars 1774. Entretenu par M. Dancourt, fermier général de Champagne. Sorti le 13 mars 1776.

Observations de Bourgelat sur Jean-Baptiste Flaubert : Inepte, a été longtemps malade, ce qui lui a fait perdre beaucoup de temps (*3° Registre d'Alfort*).

Dans le *2° Registre d'Alfort*, il est bien indiqué de Bagneux, mais entretenu par M. d'Ancourt et sorti le 31 mars 1776. Inepte. Il a été assez longtemps malade dans son pays et il n'a rien fait.

S'établit dès sa sortie quelques années à Bagneux, puis à Nogent-sur-Seine probablement de 1780 à 1784. Pendant son séjour à Nogent-sur-Seine, il est appelé pour arrêter les progrès du charbon, qui affectait les chevaux de Villegruy-en-Champagne (*Instructions Vétérinaires, 1782-90, édition de l'an VII, page 197*). Villegruis est aujourd'hui du département de Seine-et-Marne.

Il retourne à Bagneux vers 1784, et son frère Nicolas s'établit à Nogent-sur-Seine. La date n'est pas fixée ; mais son fils Jean-Baptiste-Hilaire naquit à Nogent en 1783 et, aux *Archives de l'Aube*, on trouve des lettres de Nicolas Flaubert datées de Nogent-sur-Seine de la fin de 1784.

Jean-Baptiste Flaubert s'est marié le 13 février 1779 avec Hélène Marchand, qui fit, par son exaltation religieuse, beaucoup parler d'elle, pendant la Révolution, à Bagneux et dans les environs. Elle était appelée par les républicains de 93 : « La mère Théos » ; elle fut emprisonnée à Sézanne, pour avoir chanté publiquement des hymnes d'église. Flaubert obtint assez difficilement sa mise en liberté.

2° *Notes biographiques sur Nicolas Flaubert.*

Nicolas Flaubert, né à Saint-Just, le 15 août 1754, décédé à Nogent-sur-Seine, le 7 mai 1814.

Nicolas Flaubert, de Bagneux en Champagne. Entré à l'École d'Alfort à 21 ans, le 2 novembre 1775. Entretenu par son père. Sorti le 30 septembre 1778, classé bon.

Breveté en 1780 (2° *Registre d'Alfort.*) Signe : « Artiste-vétérinaire et garde harast ». Dans ce même deuxième Registre, il est dit qu'il lui a été accordé, le 4 Brumaire an III, un certificat par duplicata. Il avait probablement perdu son diplôme, au moment de son emprisonnement pendant la Terreur. Dans les *Instructions vétérinaires*, il est porté comme étant établi à Bagneux (Côte-d'Or.) En 1774, il est porté comme « *maréchal et vétérinaire à Bagneux près Sézanne, breveté en octobre 1780, 26 ans, marié. Observations : Bon, mais sujet à faire des frais, présente des mémoires de dépenses outrés, ce qui oblige Monsieur l'Intendant à ne l'employer qu'avec méfiance*». (Dossier Flaubert. Moulé, *Archives Vétérinaires*, 1880.) En effet, en mai 1784, l'Intendant Rouillé envoie à Chabert un mémoire de Flaubert, artiste-vétérinaire à Bagneux, relatif à la dépense faite pour le traitement d'une maladie des bestiaux, dont il a été chargé en 1783 à Bouchy-le-Repos (1). Chabert réduit les dépenses exagérées de Nicolas Flaubert, ce qui donne lieu à la réponse suivante de Rouillé à Chabert.

A Chalons le 14 may 1784.

J'ai reçu, Monsieur, la lettre que vous m'avés fait l'honneur de m'écrire le 5 de ce mois, en me renvoyant le mémoire contenant les répétitions et demandes faites par le nommé Flaubert, artiste-vétérinaire à Bagneux, relativement à la dépense du traitement, dont il a été chargé l'année dernière, d'une maladie sur les bestiaux à Bouchy-le-Repos. Je vous prie de recevoir tous mes remerciements de l'atention que vous avés bien voulu donner à l'examen de cette affaire, et de la juste sévérité avec laquelle vous avés réduit les demandes exagérées de Flaubert. J'ay souscrit avec la plus entière confiance à la taxe, que vous avés arrêtée pour la dépense de cette maladie, et j'en ferai payer le montant sur ce pied. J'ay chargé mon subdélégué à Troyes de remettre à Flaubert la lettre, que vous m'avez adressée, et je l'ay chargé d'ajouter aux assurances, qu'elle contient de votre mécontentement contre cet artiste, des reproches particuliers de ma part, en le prévenant que, s'il donnait lieu par la suite à de nouvelles plaintes du même genre, il s'attirerait une punition rigoureuse.

Je vous serai très obligé de me renvoyer les pièces de cette affaire, qui sont restées entre vos mains et qui accompagnaient ma 1re lettre du 31 mars dernier, comme aussy de me renvoyer l'affaire concernant la maladie de Chapelle-Saint-Nicolas, sur laquelle j'ay eu l'honneur de vous consulter également le 8 de ce mois, après que vous l'aurés suffisamment examinée.

J'ay l'honneur d'être avec des sentiments très sincères, monsieur, votre très humble et très obéissant serviteur.

Signé : ROUILLÉ.

---

(1) Bouchy-le-Repos, canton d'Esternay (Marne), à 40 kilomètres de Bagneux, 11 d'Esternay, 9 de Villenauxe (Aube), 24 de Sézanne.

C'est probablement à la suite de ses démêlés avec l'intendant de Champagne qu'il vint s'établir à Nogent-sur-Seine, permutant avec son frère Jean-Baptiste, qui retourna à Bagneux.

Au moment de la Révolution, il était (d'après des renseignements fournis par la famille) considéré comme royaliste ardent.

Il fut, au moment de la tourmente révolutionnaire, dénoncé avec un de ses amis, comme lisant des gazettes royalistes et ayant manifesté leurs sentiments en apprenant la mort du Roy.

Emprisonné sur les ordres du Comité de Salut public de Nogent. Conduit d'abord à Troyes, puis à Paris, il passa devant le Tribunal Révolutionnaire, qui le condamna à mort. Toujours d'après la famille, il ne dut son salut qu'à une circonstance fortuite.

La charrette le conduisant à l'échafaud aurait été renversée, à quelques pas de la prison, et brisée dans sa chute. Les condamnés furent reconduits en prison ; on était au matin de Thermidor.

Mais la vérité est tout autre (1). Cette curieuse affaire sera traitée séparément. Elle aura pour titre « Un Vétérinaire devant le Tribunal Révolutionnaire » ou « Histoire de Nicolas Flaubert, artiste-vétérinaire à Nogent-sur-Seine ». Ce Nicolas Flaubert, grand-père de Gustave Flaubert, n'eut jamais de chance ; il mourut à Nogent, le 7 mai 1814, des suites des mauvais traitements que lui firent subir les soldats des armées alliées, après le combat qui eut lieu devant cette ville le 30 mars 1814.

Il existe aux Archives de l'Aube de nombreuses pièces le concernant, notamment aux n^{os} L 278, 527, 529, C 1168.

1o 20 septembre 1786. — Procès-verbal de réception et délivrance des chevaux réformés de l'Artillerie du Roy. Lesdits chevaux ont été visités par le sieur Nicolas Flaubert et par le sieur Antoine Flaubert, autre élève de l'Ecole royale vétérinaire, demeurant à Arcis et étant aujourd'hui à Nogent-sur-Seine. Cette date est à retenir, elle montre qu'Antoine Flaubert, artiste-vétérinaire à Arcis, cherchait déjà une autre ville où il pût s'établir, puisqu'il était fort mécontent de la situation qui lui était faite à Arcis.

2o 18 mai 1786. Procès-verbal de visite de chevaux du Roy par Nicolas Flaubert. Deux sont donnés à un cultivateur de Nogent et trois à un cultivateur de Courgenay (Yonne).

3o Procès-verbal d'expertise au sujet d'un cheval mo·veux, acheté le 26 mars 1789 à la foire de Villenauxe-la-Grande par Noland, marchand de chevaux à Ogère-en-Brie, à Maréchaux, des Grès-

---

(1) Voir p. 36 ci-dessous : Annexe du dossier Nicolas Flaubert, 1o et 2o.

commune de Fontaine-Saint-Georges. Le cheval est visité par Flaubert et Edme Jacquemard (de Saint-Aubin près Nogent), lui aussi artiste vétérinaire (1).

Dhuiny est nommé troisième expert, mais ne se présente pas. C'est Jannin de Montereau-Fault-Yonne qui est désigné (prestation de serment le 2 mai 1789).

4° *Juillet 1789 — Lettres d'envoi de mémoires de N. Flaubert, pour visites et remèdes fournis dans le traitement des vaches de l'administration*(2). A cette lettre est joint un certificat constatant la mort d'un des chevaux de l'administration, laissés à Nogent en 1785. Il y est dit : « que le second cheval est mort d'une rétention d'urine, le mal était au-dessus des forces de la nature et par conséquent de celles de l'art. »

5° *1790 — Dossier concernant la demande faite par Flaubert, tendant au renouvellement de la Commission, qui lui avait été accordée en 1786 par l'ancien gouvernement, pour l'inspection et le traitement des vaches distribuées aux particuliers pauvres par l'administration* (2 bis). Il réclame 24 sous par vache payable à la Saint-Jean-Baptiste, soit un total de 51 livres 10 sous. L'autorisation est donnée et il devra continuer à visiter les vaches, jusqu'à ce que l'on ait décidé ce qu'elles deviendront.

6° *Lettre du département au district de Nogent, concernant les prétentions pécuniaires de N. Flaubert, au sujet du traitement des bestiaux attaqués par les épizooties*. Nicolas Flaubert est invité à attendre le résultat de l'enquête. 26 Pluviose an V.

7° *Arrêté du département commettant le citoyen Flaubert, artiste vétérinaire, pour empêcher la propagation de la morve.*

8° *26 Pluviose an V. — Pièce concernant le paiement au citoyen N. Flaubert, et la décision du 19 Prairial, an V, donnant des ordres pour payer 30 frans au sieur Flaubert.*

9° *18 Messidor an VIII. Lettre envoyée par Nicolas Flaubert au citoyen Sous-Préfet de Nogent* (3), lui « exposant sa situation, qu'il a essuyé des pertes et lui demandant pour son fils, déjà très versé dans les mathématiques et les autres sciences, de le faire admettre gratuitement à l'Ecole polytechnique ou à l'Ecole d'Alfort. Vous aurez, citoyen Soupréfet, rendu un service signalé et puissant au père qui ne cesse de se donner toutes les peines possibles, pour être utile à ses concitoyens. »

Cette pétition est visée par l'adjoint de Nogent et par le Sous-Préfet. En *nota* il y a : « Ecrit au ministre par le citoyen Flaubert, le 5 Frimaire an X », et plus bas : « Le citoyen Flaubert a consenti, par lettre du 12 Nivose an X, à céder au citoyen Lebeau sa priorité d'inscription, s'en réservant l'effet par la suite ».

---

(1) Jacquemard a été attaché, pendant quelques années, comme moniteur, à l'Ecole Vétérinaire d'Alfort. Il s'est ensuite établi vétérinaire à Nangis (Seine-et-Marne).

(2 et 2 bis) Voir p. 34 ci-dessous : Dossier Nicolas Flaubert.

(3) Voir cette lettre reproduite *in extenso*, p. 35 ci-dessous.

Cette pièce des plus curieuses concerne le père de Gustave Flaubert. On trouverait peut-être des renseignements sur lui, dans les premières délibérations du Conseil Général de l'Aube.

Autre détail. Le citoyen Lebeau, pour qui Nicolas Flaubert céda sa priorité d'inscription, était originaire de Maizières-la-Grande-Paroisse, et probablement son parent par sa femme. Ce même Lebeau vint s'établir à Nogent en 1814, après la mort de Nicolas Flaubert.

10° *La dernière pièce est adressée par le ministre de la Guerre à Chabert, et concerne toujours un règlement de mémoire.*

Paris le 14 Pluviose an 10,

Ministre de la Guerre à Chabert.

Je vous fais passer ci-joint, citoyen, deux mémoires montant à 161 francs dont le paiement est réclamé par le citoyen Flaubert, artiste vétérinaire à Nogent-sur-Seine, pour pansements et médicaments fournis à des chevaux appartenant au service militaire.

Je vous invite à examiner ces mémoires et à me les renvoyer lorsque vous les aurez vérifiés.

Je vous salue.

(Pièce des Archives d'Alfort. Dossier Flaubert (*Moulé*).

3° *Notes biographiques sur Antoine Flaubert* (1).

Antoine Flaubert, troisième des fils de Constant-Jean-Baptiste, est né à Bagneux le 15 mars 1759.

Entré à l'Ecole d'Alfort à 18 ans, le 14 juillet 1779. Entretenu par l'Intendant de Champagne. Sorti le 1er mars 1781. Etabli, dit-on, à Nogent-sur-Seine où il fait bien. Il y a certainement erreur, ainsi que le prouve la correspondance le concernant, échangée entre Rouillé et Chabert.

Les *Instructions Vétérinaires* de 1792, 1799, 1809 disent cependant que Flaubert, Antoine, à Nogent-sur-Seine, département de l'Aube, a la chaine. Il avait obtenu la chaine (l'accessit), au concours de pratique, le 14 novembre 1780. Moulé, d'après les archives de la Marne, le donne en 1784 comme établi à Arcis. Breveté en mai 1781. Marié, 25 ans, et comme observations: Bon, mais il a, comme son frère, le goût de la dépense et fait des frais considérables.

Aux Archives de l'Aube, on trouve les pièces suivantes le concernant:

1° 22 *Avril 1781. Lettre de Chabert à Rouillé d'Orfeuil,* « l'informant que le nommé Flaubert Antoine, élève entretenu par la généralité, a terminé ses études ; il doit s'établir et sera très utile dans votre pro-

---

(1) Voir le dossier Antoine Flaubert, p. 37 et s.

vince». La réponse est du 2 may 1781 : Lui répondre de le faire partir, et d'imputer la pension payée d'avance sur les autres élèves de la province.

2º *Lettre du subdélégué de Troyes, dans laquelle il est demandé à Rouillé l'autorisation pour Flaubert de s'établir à Arcis..*

Flaubert fait valoir dans une demande jointe : *a)* qu'il y a beaucoup de bestiaux, aux environs d'Arcis, et qu'il sera éloigné de son frère de six lieues ; *b)* qu'il ne peut pas s'établir à Sézanne, car dans la contrée il y a déjà Flaubert son frère et Maréchal, tous deux gardes-haras.

3º *15 juin 1781. Lettre de Chabert à Rouillé d'Orfeuil, l'informant qu'il lui adresse le brevet de Flaubert,* cette nouvelle faveur ne pouvant que l'encourager à faire de nouveaux efforts pour mériter la protection de Rouillé. Mais Flaubert est peu satisfait de son établissement à Arcis. Dans une lettre qu'il écrit à Rouillé, le 15 septembre 1782, il dit que son père s'est déjà sacrifié pour instruire et envoyer aux Écoles vétérinaires deux de ses frères, et que lui, Antoine Flaubert, est sans ressources, que la ville d'Arcis n'a pas tenu ses promesses, et qu'il va être obligé d'emprunter pour s'établir.

En 1784, nous le trouvons soignant une épizootie qui s'est déclarée sur les moutons de Viâpres-le-Petit. Dans le dossier se trouve un reçu de 24 livres, pour les soins donnés aux troupeaux de Viâpres. Le reçu est signé femme Flaubert. Dès cette date, il cherche à s'établir dans une autre ville et nous le trouvons en 1785, au mois de septembre, de passage à Nogent-sur-Seine.

4º *Au mois de juin 1786, des pétitions sont adressées au Comte de Brienne par les principaux habitants d'Arcis.*

Il est beaucoup parlé des mérites d'Antoine Flaubert. De son côté, 16 juin 1786, il adresse une lettre au Comte de Brienne, disant en substance : « Monsieur l'Intendant dit que je présente des mémoires exorbitants, ce n'est pas moi, mais mon frère, et ces imputations ne doivent pas rejaillir sur moi. » Il rappelle que, « dans la maladie pestilentielle d'Estissac et des environs, il a exposé plusieurs fois sa vie et que l'Intendant fut si content de lui, qu'il lui fit avoir 150 livres de gratification. »

5º *Peu de temps après, le 17 août 1786,* Flaubert écrit au subdélégué à Troyes, en lui demandant de faire délibérer les paroisses environnantes d'Arcis, pour lui voter une subvention ; sans quoi, il ne pourrait pas rester ; qu'il a deux loyers, un à Arcis et un autre dans une ville éloignée, qu'il ne désigne pas. Dans sa lettre, le mot de la ville est rayé en surcharge.

6º *17 août 1786.* (Le même jour), il adresse une lettre demande à Rouillé d'Orfeuil, où il dit: qu'il a acheté une maison en 1782, qu'il a pris des époques pous la payer, que la Ville d'Arcis et les paroisses voisines n'ayant pas tenu leurs promesses, il n'a pas pu payer sa maison ; qu'il a été sur le point d'être poursuivi, qu'il a du vendre sa maison avec 1600 livres de pertes, qu'il a cherché un autre endroit pour s'établir. Il veut bien rester à Arcis, mais demande 300 livres pour soulagement. Il joint, dit-il, à cette même lettre, la liste complète des paroisses, où il exerce, et des certificats constatant qu'il guérissait beaucoup d'animaux malades. Dans le dossier, les certificats sont au nombre de trente; quelques-uns sont reproduits ci-dessous :

1º «Je sou signé Humbert Imbert, laboureure, demeurant à Pouan, certifi que le sieure Flobere metcin des cheveux, a travaillié sur une cavale a moi, dit attaqué dune grande maladie. apcès au flan, sur les rains et a la gorge, et a poursuivi jusque aparfaite guerrison. Ce jourdhui deux septembre mil sept cent quatre vindeux. »
« HUMBERT IMBERT, »

2º « Je soussigné certifi que le sieur Flaubert, artiste vétérinaire du grand Arcis, ma traité un cheval attaqué d'un effort de boulet, dont il la guerri radicalement, en foi de quoi je lui ai délivré le présent certificat, pour servir ainsi que de raison. »   « Arcis le 10 mars 1782. »
« JEANNET de BREVONNE. »

3º « Je sousiné Laurant Gérard, laboureure, demeurant à Pouan, certifi véritable que le sieur Flober, demeurant Arcis-sur-Aube, ma terté eun poulise de la poulloje. »
« Faite à Pouan ce disneuf aout 1782. »

4º « Je certiffie que le sieur Flobert artiste vétérinaire, demeurant à Arcis, a traitté une vache qui m'appartenoit, malade d'une indigestion qui a parfaittement guerri par l'opération de la ponction, par laquelle il a tiré une grande quantite d'aliments, qui n'étoient point digérés et qui étoient la vraie cause de la maladie. »
« En foi de quoi je lui ai donné le présent certificat. »
« Arcis le 8 septembre 1782. »
« HITIER. »

Malgré tous ces certificats ologieux, malgré toutes ces lettres de réclamations, Antoine Flaubert dut quitter Arcis ne laissant aucun regret, ainsi qu'en fait foi le résumé suivant de la réponse de Paillot à Rouillé (17 septembre 1786) (1) :

Les habitants d'Arcis refusent de donner plus de douze livres pour Flaubert, ou ils le laisseront partir. Tout en reconnaissant du talent à Flaubert, Paillot déclare que le départ de ce vétérinaire ne causerait pas une grande perte à la province. Il reproche à Flaubert de prolonger les maladies et d'abuser onéreusement des drogues. Il préfère l'emploi de Duimuid, de Troyes, comme vétérinaire.

Antoine Flaubert alla s'établir à Sens, où il mourut le 10 janvier 1806. Dans l'acte de décès, il est dit que Antoine Flaubert est fils de Jean-Baptiste ; le nom de la mère, laissé en blanc, a été remplacé par un pointillé par l'officier de l'Etat-Civil.

4º *Notes biographiques sur Hilaire-Jean-Baptiste Flaubert.*

Hilaire-Jean-Baptiste Flaubert, fils de Jean-Baptiste Flaubert, artiste vétérinaire diplomé d'Alfort en 1776.
Hilaire-Jean-Baptiste Flaubert est né à Nogent-sur-Seine, le 8 juin 1783. Entré à l'Ecole d'Alfort à 25 ans, le

---

(1) Voir la lettre de Paillot : Dossier Antoine Flaubert, pièce nº 10, p. 40.

16 avril 1808. Élève militaire à ses frais. Sorti en 1811. Breveté par le jury en octobre 1811 (Registre d'Alfort an V à 1812). Dans un contrôle sans date, mais paraissant être de 1810, on trouve Flaubert, de la Marne, 27 ans, externe, 2 ans d'études, ayant échoué à son diplôme en octobre 1810 et en avril 1811. Il était, avant son entrée à l'École, attaché au 8e régiment de hussards ; le Conseil d'administration de ce régiment l'avait nommé provisoirement vétérinaire au régiment. Peut-être avait-il été envoyé à l'École d'hippiatrique, avant d'être admis comme élève militaire (Histoire de l'École d'Alfort).

Après avoir été diplômé en 1811, H. J. B. Flaubert devint vétérinaire militaire au 2e Cuirassiers et fit, en 1812, la campagne de Russie avec ce régiment. On le rencontra plus tard établi vétérinaire dans l'Aube, successivement à Arcis en 1815 et à Aubigny en 1816, puis dans la Marne, à Bagneux, de 1817 à 1820.

On le voit ensuite, comme vétérinaire militaire, au 9e régiment de Dragons de Saône-et-Loire, de 1820 à 1824. On le retrouve à Arcis-sur-Aube de 1824 à 1830, pour le voir enfin disparaître, à cette dernière date, sans laisser aucune trace.

La correspondance administrative, échangée au sujet de H. J. B. Flaubert, mérite d'être citée :

1º Administration de la Guerre

Bureau des fourrages et remontes.

Paris le 16 février 1808.

Le ministre directeur de l'Administration de la Guerre à Monsieur Chabert directeur de l'École Impériale vétérinaire d'Alfort.

Le Conseil d'Administration du 8e régiment de hussards demande, Monsieur, que je confirme l'admission provisoire qu'il a faite du sieur *Flobert Jean-Baptiste*, élève de l'École, que vous dirigez, en qualité de vétérinaire du régiment.

Je vous invite à me faire connaître si le sieur Flobert a obtenu le brevet de capacité, qui doit servir à son admission définitive, afin que je puisse prononcer sur la demande qui m'est soumise.

Signé : DEJEAN.

(Archives Alfort, Dossier Flaubert).

Hilaire Flaubert, demande au ministre, au mois de juillet 1810, l'autorisation de se présenter au jury d'examen d'octobre, ainsi qu'en fait foi la lettre suivante :

Paris, 2 août 1810.

Le ministre de l'Intérieur, Comte de l'Empire, à M. Chabert.

Le sieur Flaubert, maréchal des logis au 8e régiment d'hussards, me demande, monsieur, par sa pétition du 12 du mois de juillet dernier, à se présenter au mois d'octobre prochain à l'examen du jury d'instruction de l'école vétérinaire d'Alfort, où il suit les cours depuis le 15 avril 1808, et vous appuyez sa demande.

Je vous autorise à inscrire le sieur Flaubert sur la liste des candidats, que vous présenterez au prochain concours. Je me plais à croire que cet élève militaire, qui n'aura alors que deux ans et demi d'études, doublera d'efforts pour se mettre en état d'obtenir son brevet de vétérinaire, afin de se rendre, en cette qualité, utile à son corps où il est attendu.

Recevez l'assurance de mes sentiments distingués.

MONTALIVET (?)

(Archives Alfort, dossier Flaubert).

Flaubert échoue au brevet et une nouvelle autorisation lui est donnée.

Paris, 3 mars 1811.
Le ministre de l'Intérieur à M. Chabert.

Je vous autorise, monsieur, à comprendre, sur l'état des élèves qui doivent être présentés au prochain concours, le sieur Flaubert, élève de l'école impériale vétérinaire d'Alfort et maréchal des logis au 8e régiment d'hussards.

Signé : MONTALIVET.

Flaubert échoue encore une fois à son brevet, ainsi que le prouve la lettre suivante :

Paris, 16 mars 1811.
Ministre Intérieur à Chabert.

Sur la demande qui m'en est faite, monsieur, par le sieur Jean-Baptiste-Hilaire Flaubert, de la Marne, l'un des élèves qui n'ont pas paru au jury être suffisamment instruits pour obtenir leur brevet, je vous autorise à lui laisser suivre encore les cours jusqu'au 1er novembre prochain, comme élève à ses frais.

Signé : MONTALIVET.

Flaubert est donc breveté en octobre 1811. En quittant l'Ecole, il entre au 2e régiment de cuirassiers, comme vétérinaire, et fait avec ce régiment la campagne de Russie. Il obtient son congé définitif en 1814, 26 octobre ; il cherche dès cette date à se fixer à Arcis, ainsi que le prouve une lettre du maire d'Arcis au sous-préfet en date du 12 juillet 1814. Par cette lettre, le maire informe le Sous-Préfet que le sieur Flaubert, élève de l'Ecole d'Alfort, artiste vétérinaire au 2e régiment de cuirassiers, désire se fixer à Arcis, pour y exercer son art ; mais comme il ne croit pas, avant quelques années, être en état de subvenir seul à ses besoins, il demande une somme de 600 francs ; il donne dans cette lettre une liste de 29 communes où il peut exercer. (Archives de l'Aube). Lettre du Sous-Préfet au Préfet, sur le même sujet, et disant que le traitement de 600 francs ne sera que pendant 4 ans. (15 juillet 1814. Archives de l'Aube).

Le Préfet répond le 9 août 1814 au Sous-Préfet, en lui disant d'autoriser les maires à réunir leurs Conseils municipaux, pour s'occuper de l'allocation de 600 francs à donner au sieur Flaubert.

La date exacte de son arrivée à Arcis est le 15 janvier 1815, ainsi que le prouve la liste des vétérinaires de l'arrondissement, envoyée au Préfet de l'Aube par le Sous-Préfet d'Arcis (Archives) *26 avril 1815*) :

1° Chalette François, né à Pouan, 24 janvier 1777, diplômé le 29 Brumaire, an 10; a servi dans le 6° régiment de cavalerie, comme aide vétérinaire, de 1804 à 1814, à Pouan depuis le 2 janvier 1815.

2° Jean-Baptiste-Hilaire Flaubert, né à Nogent-sur-Seine le 8 juin 1783; à Arcis depuis le 15 janvier 1815; a servi dans le 8° hussards et dans le 2° cuirassiers jusqu'au 26 octobre 1814 ; a promis de produire son brevet, attendu que celui qui lui a été délivré a été perdu en Russie.

Cette perte de brevet donne lieu à une très curieuse correspondance, entre Flaubert, Girard, directeur d'Alfort et le ministre. (*Archives Alfort. Dossier Flaubert, Moulé*).

Arcis le 26 Avril 1815. — Monsieur —

J'ai l'honneur de vous écrire pour vous prier, aussi humblement qu'instamment, d'avoir la complaisance de me faire passer mon brevet, que j'ay obtenu au concours d'octobre 1811. Comme j'ai entré au 2° régiment de cuirassiers, en sortant de vos écoles, je n'ai emporté que ma nomination et je n'ai jamais eu mon brevet.

Vous savez, Monsieur, les événements malheureux que notre département a essuyé. Mon père est un de ceux qui ont le plus souffert, il est totalement ruiné; et moi, après avoir fait la malheureuse campagne de Moskou, j'ai enfin obtenu mon congé, sur la demande des autorités civiles d'Arcis ; et maintenant M. le Préfet du département me demande mon brevet, dans le plus bref délai, ou mon congé ne vaudrait plus rien.

Aussi, monsieur, veuillez donc avoir égard à ma position. En me faisant passer ce que j'ai l'honneur de vous demander, vous me rendrez le service le plus signalé.

J'ai l'honneur,.....

FLAUBERT.
Artiste vétérinaire, Arcis-sur-Aube, département de l'Aube.

Sur cette lettre Girard, directeur de l'École d'Alfort, a écrit la réponse qui suit :

Alfort, 29 Avril 1815,

Monsieur,

En réponse à votre lettre du 26 de ce mois, j'ai l'honneur de vous prévenir que je n'ai point, en ma possession, le brevet que vous avez obtenu au concours d'octobre 1811. Cette pièce a dû être expédiée, soit à votre préfet, soit au ministre directeur de l'administration de la Guerre. Le Jury ne peut vous délivrer de duplicata, qu'autant que vous prouverez légalement la perte ou la non réception du brevet obtenu. Tâchez de vous mettre en règle, à cet égard, et je mettrai sous les yeux du Jury votre demande appuyée de pièces justificatives.

Je saisis cette occasion, pour vous réitérer les sentiments de mon affection.

Votre serviteur, GIRARD.

Flaubert, n'obtenant toujours pas son brevet, écrit une seconde fois au Directeur d'Alfort la lettre suivante.

Monsieur,

J'ai l'honneur de vous écrire, une seconde fois, pour vous prier d'avoir la complaisance de me faire passer le brevet, que j'ai obtenu au concours d'octobre 1811.

J'ai chargé différentes personnes d'aller au Bureau que vous m'avez indiqué, leurs démarches ont été inutiles.

Veuillez donc, Monsieur, avoir la bonté de me l'envoyer par duplicata, comme vous me l'avez marqué.

Je *conte*, Monsieur, sur votre zèle et votre exactitude à rendre service et particulièrement aux élèves sortis de vos écoles.

J'ai l'honneur..........

FLAUBERT, artiste vétérinaire,
Arcis-sur-Aube le 30 septembre 1815.

(Archives Alfort, dossier Flaubert).

Au dos ; on lit la réponse du Directeur ; même réponse ou à peu près qu'à la première lettre. Entre temps. le directeur d'Alfort a probablement demandé des renseignements au ministère, ce qui lui vaut la réponse suivante (Archives Alfort, dossier Flaubert) :

Paris, 28 novembre 1815.
Ministère Intérieur à Girard, directeur.

Monsieur. Le Brevet de vétérinaire, obtenu par le sieur Flaubert au concours de votre école d'octobre 1811, a été retenu dans mes bureaux, parce que ce vétérinaire, en quittant l'école, avait négligé d'acquitter une dette qu'il avait contractée à l'égard de la dame Montolieu, portière de l'établissement.

Le sieur Flaubert vient de m'adresser la quittance de cette dette, avec demande tendant à obtenir la remise de son brevet, que je vous transmets ci-joint, avec sa demande et la quittance qu'il a produite.

Je vous autorise à lui faire la remise de ce Brevet, après vous être assuré qu'il n'existe plus de motifs de le retenir.

Dans les Archives d'Alfort, on trouve encore le duplicata du diplôme :

Flaubert (Jean-Baptiste Hilaire), de Nogent-sur-Seine, né le 8 juin 1783. Entré à l'école le 16 avril 1808. Diplômé le 9 octobre 1811.

On trouve encore, en novembre 1815, une lettre de Flaubert (très courte) à son excellence le ministre de l'Intérieur, pour lui réclamer son diplôme et le reçu de la dame Montolieu, qui reconnaît avoir reçu, de Flaubert, la somme de cinq livres 19 sous. Alfort 24 novembre 1815.

Pendant cette longue correspondance, Flaubert se marie le 15 juin 1815 à Aubigny, près Ramerupt (Aube). Dans l'acte de mariage, il est bien fait mention que Flaubert J.-B.-H. était porteur d'un congé définitif du 2e régiment de cuirassiers. Il quitte probablement Arcis vers la fin de l'année, pour s'établir à Aubigny, où il achète même une maison. De sa nouvelle résidence, il demande encore une fois son brevet :

Aubigni le 16 avril 1816.

Monsieur,

J'ai reçu votre lettre, sous la datte du 28 décembre 1815, qui m'apprend que monsieur Surgé, traiteur à Alfort, a formé opposition à la remise de mon brevet. Il me semble que monsieur Surgé ne peut avoir, en possession, et mon brevet et mon billet, pour lui assurer sa créance; d'ailleurs mon intention est de le payer; le *plutôt* qu'il me sera possible. Voilà une occasion qui se présente pour le faire payer : Une Épizootie se déclare dans nos environs sur les bêtes à cornes, je dois faire une tournée dans différentes communes pour en faire le rapport ; mais il me faut mon brevet pour être chargé de cette mission; aussi, monsieur, je vous prie de grâce de me l'envoyer ; ou de me faire passer la décharge, que je vous (ai) addressée le 20 décembre.

FLAUBERT, Art. V^{re}.

Aubigni, près Ramerupt, par Arcis-sur-Aube.

Comme suite à cette lettre, on trouve encore, aux Archives d'Alfort, le brouillon ou minute de réponse de Girard :

21 mai 1816,

J'ai tardé à répondre à votre lettre du 16 avril, Monsieur, parce que je voulais vous retourner le reçu que vous m'avez envoyé. Je ne sçais par quelle fatalité je n'ai pu mettre la main dessus; au demeurant cette lettre vous servira de preuve que vous n'avez pas reçu votre brevet.

Je ne puis entrer dans aucuns détails de cette affaire, qui m'est absolument étrangère. S. E.. a voulu que votre diplôme ne vous fut remis, que lorsque vous aurez payé vos dettes. Je dois exécuter les ordres qui me sont transmis. Quant au billet souscrit au sieur Surgi, vous aurez à faire valoir vos prétentions devant le tribunal, où il parait être dans l'intention de vous citer.

Avec cette lettre, cesse pour longtemps la correspondance de Flaubert, avec Alfort et le ministère, au sujet de son brevet. Sa situation, à Aubigny, ne devait pas être meilleure qu'à Arcis. Aussi nous avons de fortes présomptions de croire qu'il quitta Aubigny, fin 1816 ou commencement de 1817, pour venir habiter avec son père à Bagneux (Marne). La naissance d'un premier enfant à Bagneux, en 1818, et d'un autre en 1819, nous confirme dans nos suppositions.

La clientèle civile ne dut pas lui réussir mieux à Bagneux qu'à Arcis et à Aubigny, car de 1820 à 1824 il reprend du service, comme vétérinaire appointé au 9e régiment de dragons de la Saône. Il reparaît à Arcis en 1824, car, dans l'acte de vente d'une maison, il est appelé: Artiste vétérinaire à la suite des armées du Roi. Il reprend ses démarches pour obtenir une subvention départementale, lui permettant de se fixer à Arcis. Nouvelle lettre du

Sous-Préfet au Préfet, dans laquelle le Sous-Préfet dit qu'il n'existe pas de Vétérinaire à Arcis, ni dans les autres communes de l'arrondissement. Cette profession, dit-il, y est exercée par les maréchaux, et ce service est fort mal fait. Aussi, le 9 janvier 1825, le Conseil Général vote la somme de 150 francs pour un artiste vétérinaire, qui serait chargé, dans chaque arrondissement, de surveiller les épizooties. Le Préfet demande au Sous-Préfet quel est celui qui doit être choisi, pour l'arrondissement d'Arcis. Le Sous-Préfet désigne Flaubert, ce qui donne lieu à l'arrêté préfectoral suivant :

Le Préfet du département de l'Aube,

Vu les articles 15 et 16 du décret du 15 janvier 1813.

Vu le procès-verbal de la session de 1825 du Conseil général du département, qui reconnaît l'utilité de mettre, dans chaque arrondissement, un vétérinaire à la disposition de l'Administration, et leur accorder un traitement de 150 francs par an.

Considérant qu'il résulte des renseignements qui nous sont parvenus, sur la capacité et la moralité des artistes et maréchaux vétérinaires, ci-après désignés : qu'ils sont capables d'en remplir les fonctions.

Arrête.

Art. 1er.

Le sieur Flaubert J.-B.-H., est nommé vétérinaire de l'arrondissement d'Arcis-sur-Aube.

Art. II.

Ce vétérinaire aura, dans son arrondissement, le droit d'inspecter et de surveiller dans les foires et marchés publics, en ce qui concerne les chevaux et bestiaux qui y seront amenés ; il se transportera, d'après l'autorisation de M. le Sous-Préfet, sur les points de l'Arrondissement où sa présence sera nécessaire, pour prévenir ou combattre les maladies épizootiques qui pourraient s'y manifester.

Art. III.

Il sera tenu de résider au chef-lieu de l'Arrondissement.

Art. IV.

Son traitement est fixé à 150 fr. annuellement, conformément au vote du Conseil Général, et sera payé à dater du 1er janvier prochain sur le crédit ouvert au budget des dépenses variables.

Art. V.

Le présent arrêté sera soumis à l'approbation de Son Excellence le Ministre de l'Intérieur, et provisoirement exécuté en raison de son importance.

Troyes le 31 décembre 1825,

Le Préfet, Signé : BARON DE WISMES,

Cet arrêté, le premier probablement qui fut pris pour combattre les maladies contagieuses dans l'Aube, satisfit peut-être Flaubert pour quelques années. Il ne lui donnait toujours pas son brevet, car nous voyons encore J.-B.-H. Flaubert le réclamer en 1830 au directeur de l'École d'Alfort :

7 Avril 1830.

J'ai l'honneur de vous écrire pour vous prier d'avoir la complaisance de me faire parvenir mon brevet, que j'ai obtenu au concours d'octobre 1811, et que vous avez toujours en votre possession, et qu'il n'existe plus de motifs pour me faire la remise de cette pièce ; je désire la posséder, et j'espère que vous aurez la bonté de me la faire passer par la voie de la poste.

Je profite de cette occasion pour vous prier de m'instruire si un nommé Perrinet, de la commune de Dampierre, département de l'Aube, arrondissement d'Arcys-sur-Aube, a obtenu un brevet à votre école ou s'il y est seulement entré.

En ce faisant Monsieur.........

Signé : FLAUBERT, Vre.

Adresse : Flaubert, vétérinaire à Arcis-sur-Aube, département de l'Aube.

En marge Girard a écrit: « du 9 Avril, répondre que le brevet réclamé n'existe pas à la direction de cette école, il a été demandé des détails. » (Alfort, dossier Flaubert).

A cette demande de renseignements, Flaubert a répondu par la lettre suivante :

Arcys, le 22 juillet 1830.

J'ai reçu votre lettre sous la date du 9 avril dernier, par laquelle vous me dites que vous ne retrouvé pas mon brevet, à la direction de votre école, que je vous donne des renseignements qui peuvent vous mettre sur la voie.

Cette lettre ci-jointe, je pense, pourra vous être tout à fait utile pour les recherches de cette pièce, que je me trouve avoir besoin. Je vous prie donc, monsieur, d'avoir la bonté de me la faire passer le plus tôt qu'il vous sera possible.

En ce faisant, monsieur, vous obligerez celui qui a l'honneur de vous saluer.

FLAUBERT, Artiste vétérinaire.

C'est la dernière pièce et le dernier renseignement que nous possédons sur J.-B.-H. Flaubert. Qu'est devenu ce Flaubert ? Il est probablement décédé, sans jamais avoir eu entre les mains son Brevet de vétérinaire. Malgré nos recherches, les renseignements s'arrêtent brusquement en 1830,

5° Notes biographiques sur Jean-Baptiste-Constant-Trobert Flaubert, vétérinaire militaire, fils de Jean-Baptiste Hilaire.

Jean-Baptiste-Constant-Trobert Flaubert, né à Bagneux, canton d'Anglure (Marne) le 28 décembre 1819.

Entré à l'Ecole d'Alfort le 16 octobre 1839. Compris dans le licenciement général du 17 février 1841. Compris dans les élèves rappelés par arrêté du 17 mars 1841. Nommé élève titulaire militaire par décision ministérielle du 6 novembre 1841. (Engagement volontaire du 20 novembre 1841).Classé médiocre,puis bon.Diplômé le 37e sur 37 le 31 août 1843. Aide-vétérinaire au 13e régiment d'artillerie, le 17 décembre 1845. Vétérinaire de 2e classe au 12e régiment de chasseurs, le 11 mars 1847.Membre de la Société d'Agriculture d'Algérie et de la Société d'Agriculture de Bône.

Auteur de mémoires récompensés par la Société Centrale de Médecine Vétérinaire, en 1848 ; 1o Sur le dromadaire ; 2o Sur l'élevage du cheval dans la province de Constantine, ce qui lui vaut une médaille d'or et 400 francs.

PIÈCES JUSTIFICATIVES

1o **Dossier Jean-Baptiste Flaubert.**

A. — Documents analytiques (1).

1o (C. 1168). *9 juin 1789* : Cas de Morve à Rhèges. Procès-verbal d'une visite de *Flaubert.* — 16 juillet 1789 : *Id.* Lettre de Flaubert aux membres du Bureau intermédiaire du département à Troyes.

2o (C. 1168). *17 septembre 1789* : Cas de morve à Faux-Frénoy. Mesures prescrites : Interdiction des marchés, pâturages, abreuvoirs.

3o (C. 1168). *29 septembre 1789* : Copie d'un procès-verbal sur un cas de morve à Méry-sur-Seine. Flaubert termine ainsi cette pièce :

« Je certifie, moy Flaubert, artiste vétérinaire, que cette copie est conforme à l'original qui est à Bagneux. »

Signé : « *Flaubert*, vétérinaire breveté du Roy. »

4o (C. 1168). *25 octobre 1789* : On présente à Flaubert, comme appartenant au sieur Louis Morey, de Sainte-Sire, une jument sous poil noir, saillie, « hors de marque, propre à *la Gareste* (2) ».

Flaubert « n'a cru mieux faire que d'arrester la dite jument, sans pouvoir aller à l'abreuvoir, foire, marché, ni trocquée avec qui que ce soit. »

5o (C. 1168). *27 avril 1790* : Cas de morve à Rhèges. Procès-verbal de la visite de la jument de Bailly, laboureur.

---

(1) Les documents complets se trouvent aux Archives du département de l'Aube.

(2) Dans une grande partie de la Champagne, et notamment à Villenauxe, ainsi qu'aux environs, les terres labourées et non ensemencées s'appellent *garêts*, mot correspondant au substantif français *guérets*. Il est permis de supposer qu'une jument propre à la « *gareste* » était une jument propre au labour.

6° (C. 1168). *29 juin 1790* : Flaubert revoit ladite jument morveuse de Bailly, à Rhèges, où il la visite au bureau intermédiaire de Troyes.

7° (L. 278). *9 juillet 1790* : Cas de morve à Neuville. Lettre de Flaubert au département.

8° (L. 278). *Ans III et IV* : Cas de morve à Méry (dossier) :

(*a*) 15 thermidor an III. Procès-verbal de visite des chevaux de la commune de Méry, constatant un cas de morve.

(*b*) 18 thermidor an III. Arrêtés du district d'Arcis décidant d'inviter le département à envoyer un expert-vétérinaire.

(*c*) 23 thermidor. Arrêté du département commettant, dans ce but, Dhuimuid, vétérinaire à Troyes.

(*d*) 3 fructidor. Procès-verbal de la Municipalité de Méry constatant l'abatage d'un cheval morveux.

B. — Documents publiés in-extenso (1).

N° 1. *A MM. de la Commission intermédiaire provinciale.*

Troyes, le 20 août 1789.

La Municipalité de Boulage vient, Messieurs, de nous adresser un procès-verbal dressé par le sieur Flaubert, artiste-vétérinaire, demeurant à Bagneux, d'où il résulte que la paroisse de Boulage est menacée d'une épizootie sur les bêtes à cornes, puisque, dans l'espace d'un mois, il en est péri *seize*.

Le sindic de cette Municipalité, en nous faisant passer le procès-verbal dont il s'agit, nous prie de l'envoyer à M. Chabert, inspecteur et directeur des Écoles vétérinaires, afin d'avoir sa consultation.

En vous priant, Messieurs, de demander à M. Chabert sa consultation, nous suivons la route que nous avons toujours tenue et dont nous ne devons point nous écarter ; nous aurons cependant l'honneur de vous observer qu'il est des cas où les longueurs, qu'elle entraîne nécessairement, pouraient devenir préjudiciables, et qu'il serait peut-être à désirer que, pour lors, nous fussions autorisés, quand les circonstances paraîtraient l'exiger, à écrire à M. Chabert.

Nous avons l'honneur d'être avec un respectueux attachement (etc.).

Les députés composant le bureau intermédiaire du département de Troyes.

N° 2. *Epizothie à Boulage.*

Le 23 août 1789.

A M. du Bureau intermédiaire de Troyes,

Nous faisons passer, Messieurs, à M. Chabert, directeur de l'Ecole vétérinaire d'Alfort, le procès-verbal joint à votre lettre du 20 de ce mois ; ce raport constate une espèce d'Epizoothie qui s'est manifestée dans les bêtes à cornes de la paroisse de Boulage.

---

(1) Les documents B proviennent : 1° des Archives du département de l'Aube, C. 1168, du n° 1 au n° 12 ; 2° des Archives de l'Ecole Vétérinaire d'Alfort, n°s 15 et 16.

Les symptômes de la maladie et le traitement employé par l'élève appelé par la Municipalité (*sic*).

En vous priant, Messieurs, de nous adresser les procès-verbaux des épidémies et épisoothie, notre intention n'a jamais été de vous priver de la faculté de les envoyer directement à M. Devicq d'Azir ou à M. Chabert; nous ne nous sommes exclusivement réservés que l'expédition des mandats relatifs à cette comptabilité et vous n'avez nul besoin de notre intervention pour demander des (mot illisible) et des conseils, sur tout quand les circonstances l'exigent.

Les députés membres de la Commission intermédiaire provinciale.

N°3. *Lettre des députés de la Commission intermédiaire provinciale à M. Chabert, directeur de l'Ecole royale vétérinaire d'Alfort, à Alfort, par Charenton.*

Episoothie de Boulage. Election de Troyes.

Le 24 août 1789.

Nous avons l'honneur de vous adresser, Monsieur, un procès-verbal du sieur Flaubert, l'un de vos élèves, qui constate une espèce d'épisoothie qui s'est manifestée sur les bêtes à cornes de la paroisse de Boulage, Election de Troyes; il paraît, par ce raport, que le traitement fourni par le sieur Flaubert a diminué cette épisoothie, que deux taureaux ont seulement succombé depuis son transport dans la paroisse; ce que peu de bêtes sont actuellement attaquées. nous vous prions, Monsieur, de vouloir bien examiner ce raport et adresser à MM. les députés du Bureau intermédiaire de Troyes votre avis sur le traitement à suivre pour prévenir les suites de cette maladie.

Les députés.

N° 4. *Lettre de la Municipalité de Clesles.*

De Clesles, ce 27 août 1789.

Messieurs les députés de la Commission intermédiaire de Troyes,

Nous vous marquons : le troupaux de nos beste à corne est à tacqué d'une maladie qui dévaste le troupaux et à tacquant les plus jeune; le nombre des morte ce monte à la quentité de 20, à prendre depuis la datte du procest-verbale du sieur Flobert, vétérinaire, à qui nous avons à recourd pour consulter cett maladie, dont nous vous fons passer le présent procès-verbale pour le faire consulter. Depuis, il y en a encore 3 de morte et la maladie continue toujours.

Nous somme parfaitement, Messieurs, votre très humble et obéissant serviteur.

Signé : Trulat sindic ; Martin Clivot ; Pierre Richomme ; Louis Laurent ; Louis Truffé.

Nº 5. *Lettre de Chabert aux Membres de la Commission intermédiaire de Troyes (1).*

Alfort, ce 10 septembre 1789.

Messieurs,

J'aurais eu l'honneur de vous faire parvenir beaucoup plutôt le traitement, contre la maladie épizootique qui ravage les bêtes à cornes de Boulage et de Clesles ; mais un voyage assez long et duquel j'arrive seulement s'y est opposé. Comme il paraît que cette maladie est fort étendue, et que tous les animaux ne peuvent être soignés et pansés par le sieur Flaubert, j'ai prescrit un traitement à portée de tous les particuliers de ces deux paroisses et qu'ils pourront, à l'aide de quelques secours du sieur Flaubert, suivre facilement.

Je suis avec respect, Messieurs, votre très humble et très obéissant serviteur.

Signé : *Chabert.*

Nº 6. *Mémoire de Chabert sur la maladie des bêtes à cornes de Boulages et de Clesles.*

La maladie pour laquelle on consulte, et qui attaque les bêtes à cornes de la paroisse de Boulage et de Clesles, est le *charbon blanc.* Il affecte indistinctement toutes les parties du corps comme l'épine, les côtes, les yeux qui paraissent être ici le siége de cette maladie et qui y sont communément en proie. Les tumeurs charbonneuses ne sont pas toujours visibles, mais l'artiste instruit les reconnaîtra facilement en passant la main sur la surface du corps de l'animal ; il les distinguera par une dureté plus ou moins enfoncée, ronde et circonscrite, ou par une espèce d'enfoncement occasioné par la détérioration des chairs qui sont dissoutes et gangrenées, ou enfin par la tuméfaction des muscles abdominaux et la crépitation de la peau en cet endroit. Ce charbon est accompagné ordinairement du froid de l'oreille, de la corne et de toute la surface du corps, de la cessation d. la rumination, du dégoût absolu pour tous les aliments, de la petitesse du pouls. Les yeux sont tristes et larmoyants, lorsque ces organes sont le siége principal du mal ; il y a cécité et souvent fonte du globe, le frisson survient et augmente peu à peu d'intensité ; il découle des naseaux une matière muqueuse, la bouche se remplit d'une bave épaisse et visqueuse, cette humeur flue plus ou moins copieusement ; la langue est sans mouvement et comme paralysée ; l'animal ne se lèche plus et n'avale plus sa salive, il est extrêmement faible et abattu ; toutes les excrétions sont interceptées ; quelques-uns, néanmoins, rendent des excréments très liquides et d'une odeur infecte : son haleine exhale une odeur puante et la météorisation ou la diarrhée colliquative le conduisent à la mort ; plusieurs périssent, et c'est le plus grand nombre. sans qu'il se soit fait aucune évacuation et sans avoir souffert de gonflement ; d'autres encore, sans avoir montré aucun des symptômes que nous venons de décrire, se

---

Les FLAUBERT,
et les Origines de
Par G. REIBEL, Vétérinaire

Vétérinaires Champenois
Gustave FLAUBERT
à Villenauxe-la-Grande (Aube)

1° Michel Flaubert, dit Le Jeune, Marié à né à Bagneux (Marne). Louise Millot.

1er enfant.— Michel Flaubert, né vers 1711, décédé à Bagneux (Marne), le 3 février 1759.

2e enfant. — Constant-Jean-Baptiste Flaubert, né à Bagneux (Marne), le 14 octobre 1722. Désigné comme Maréchal-Expert dans l'Etat-Civil. Marié en premières noces à Hélène Marcilly. 4 enfants. Marié en deuxièmes noces à Marguerite Laurant.

1° Jean-Baptiste Flaubert, né à Saint-Just (Marne), le 17 février 1750, artiste vétérinaire. Entré à Alfort le 14 mars 1774, breveté le 31 mars 1776. Etabli : 1° à Bagneux (Marne) jusqu'en 1780; 2° à Nogent-sur-Seine de 1780 à 1784; 3° à Bagneux de 1784 à 1832 ; décédé à Bagneux, le 28 septembre 1832. 5 enfants.

2° Nicolas Flaubert, né à Saint-Just (Marne), le 15 août 1754. Signe : « Artiste Vétérinaire privilégié du Roy, garde-haras.» Entré à Alfort le 2 novembre 1775, breveté en 1780. Etabli d'abord à Bagneux jusqu'en 1784, puis à Nogent-sur-Seine, en place de son frère J.-B. qui revient à Bagneux. Décédé à Nogent-sur-Seine, le 7 mai 1814, des suites des mauvais traitements subis après le combat de Nogent. Il était marié à Marie-Appoline Millon, de Maizières-la-Grande-Paroisse. 3 enfants.

3° Margueritte-Jude Flaubert, née à Bagneux (Marne), le 25 octobre 1756. Décédée à Bagneux, le 30 décembre 1756.

4° Antoine Flaubert, né à Bagneux (Marne), le 15 mars 1759, artiste vétérinaire. Entré à Alfort, le 14 juillet 1777; sorti le 1er mars 1784; a obtenu la chaîne. Se trouve établi à Arcis-sur-Aube jusqu'en 1785 environ, puis à Sens (Yonne) où il est décédé le 10 janvier 1806.

1° Hélène, née à Bagneux (Marne), le 10 janvier 1777. Décédée à Bagneux (Marne), le 16 juillet 1852.

2° Catherine-Adélaïde, née à Bagneux (Marne), le 9 juin 1779.

3° Jean-Baptiste-Antoine, né le 14 juillet 1780, à Nogent-sur-Seine.

4° Colombe-Adélaïde, née le 7 août 1781, à Nogent-sur-Seine, décédée à Bagneux (Marne), le 17 septembre 1781.

5° Hilaire-Jean-Baptiste Flaubert, né à Nogent-sur-Seine, le 8 juin 1783. Entré à Alfort, le 16 avril 1808, breveté en octobre 1811. Il fait la campagne de Russie comme vétérinaire au 2e Régiment de Cuirassiers. S'établit à Bagneux (Marne), Arcis-sur-Aube, etc. 2 enfants.

1° Pierre-Nicolas Flaubert, né à Bagneux (Marne), décédé à Nogent-sur-Seine le 26 mai 1788, à l'âge de 6 ans 1/2.

2° Eimée-Eulalie Flaubert, née à Bagneux (Marne), le 25 mars 1783. Mariée le 27 février 1810, à François Parralu.

3° Achille-Cléophas Flaubert, né à Maizières-la-Grande-Paroisse (Aube), le 14 novembre 1784. Marié à Caroline Fleuriot. Chirurgien en chef de l'Hôtel-Dieu de Rouen. 3 enfants.

Olympiade Parrain, née le 28 décembre 1810. Mariée le 15 mars 1830, à Bonenfant, avoué à Nogent-sur-Seine.

1° Achille Flaubert. 2e **GUSTAVE FLAUBERT.** 3e Joséphine-Caroline Flaubert.

1° Catherine-Célestine Flaubert, née à Bagneux (Marne), le 28 juillet 1818.

2° Jean-Baptiste-Trobert Flaubert, né à Bagneux (Marne), le 28 Décembre 1819. Entré à l'Ecole d'Alfort le 16 octobre 1830, diplômé le 31 août 1843. Vétérinaire militaire: 1° au 13e Régiment d'Artillerie du 17 décembre 1845 au 11 mars 1857; 2° vétérinaire de 2e classe au 12e Régiment de Chasseurs.

Caroline, née le 26 mars 1831.

Emilie-Louise, née le 3 juin 1843.

couchent, se relèvent, se tournent à droite et à gauche alternative-
ment,pendant un court espace de temps, et périssent ensuite.On trouve,
à l'ouverture des cadavres, des épanchements lymphatiques et sangui-
nolents sous sa peau, dans le tissu cellulaire et entre les muscles, une
eau limpide et très abondante dans l'abdomen : on a vu dans quelques
sujets le panicule charnu,d'un côté, et quelquefois des deux converti en
une gelée rougeâtre, les viscères plus ou moins infiltrés, pourris et
gangrenés ; en général, les cadavres exhalent une odeur infecte et
très rebutante.

SOINS ET RÉGIME.

Les animaux malades ayant été séparés de ceux qui sont sains, on
visitera ceux-ci fréquemment et avec beaucoup d'attention, afin de
s'assurer de la plus légère efflorescence dans le cas où il s'en montre-
rait. On observera également si ces animaux laissent apercevoir
quelques-uns des symptômes, que nous avons ci-devant décrits ; on
évitera toute communication des animaux sains avec les malades.

On fera bouchonner, étriller et brosser souvent ces animaux ; on les
tiendra dans la plus grande propreté et on aura soin de tenir l'écurie
bien aérée, et de la parfumer avec des baies de genièvre ou des plantes
aromatiques, qu'on fera brûler sur des charbons ardents; on les promènera deux ou trois fois par jour, et leur nourriture sera sèche, peu
abondante et de bonne qualité.

TRAITEMENT PRÉSERVATIF.

On diminuera le volume du sang chez les animaux sains, et qu'on aura
séparés comme il vient d'être dit, par la saignée qu'on réitérera deux
et même trois fois dans les animaux gras et en bon état; ceux qui
seront maigres ne subiront cette évacuation qu'une fois, elle sera pros-
crite dans les femelles qui allaiteront et dans les laiti res.

On donnera pendant les trois ou quatre premiers jours des breuvages
délayants et calmants, composés d'une poignée de vipérine, de la même
quantité de chicorée sauvage qu'on fera bouillir, dans une pinte d'eau
commune, et à laquelle on ajoutera ensuite une demi-once de sel de
nitre et une once de vinaigre. On réitérera deux, trois et même quatre
fois par jour, ces breuvages, ainsi que les lavements émollients faits de
décoction de plantes ci-dessus et à laquelle on ajoutera seulement un
demi-verre de vinaigre. Lorsque les déjections seront faciles et que les
urines seront copieuses, on ajoutera aux breuvages délayants ci-dessus :
quatre gros d'aloës, quatre onces de sel d'epsom et deux onces d'oxy-
mel ; après qu'ils auront bien opéré, on leur substituera des infusions
légères de plantes aromatiques et stomachiques telles que celles de
lavande et de racines d'aulnées ; on promènera les animaux, et lorsque
l'évacuation désirée sera cessée, on passera à froid un seton sous
chaque muscle pectoral, dans l'endroit répondant à la partie moyenne
du sternum. On donnera, après cette opération et pour faciliter la supuration, une infusion de plantes aromatiques, avec l'addition de deux
onces de vinaigre et de deux gros de quinquina. Ce breuvage sera
donné tous les matins, l'animal étant à jeun; on en continuera l'usage
jusqu'à ce que la supuration soit bien établie. On remettra ensuite les
animaux peu à peu à leur nourriture et à leur travail ordinaire, avec
l'attention de faire nettoyer et graisser les setons, tous les jours, et de
ne les ôter qu'après l'épizootie.

Quelquefois, ce traitement est suivi de l'éruption d'une ou de plusieurs tumeurs, qu'on traitera de la même manière que nous le dirons à l'article du traitement curatif.

TRAITEMENT CURATIF.

Il faut être prompt à seconder les vues de la nature et à attirer conséquemment l'humeur morbifique à l'extérieur. On y parviendra en plaçant un trochisque de sublimé corrosif au fanon. On aidera l'effet par un breuvage d'infusion de plantes aromatiques, auquel on ajoutera le safran, le quinquina, le vinaigre et le camphre, qu'on aura fait dissoudre dans de l'esprit de vin. Ces breuvages leur seront continués pendant trois ou quatre jours, après lequel temps on en retranchera le camphre et le safran. On leur donnera des lavements d'infusions aromatiques, dans lesquelles on ajoutera deux cuillerées à bouche de vinaigre ; on passera trois setons à l'encolure des animaux dont les yeux sont affectés, et on les placera sur le côté répondant à l'œil malade ; ils s'étendront de la partie supérieure de l'encolure à la jugulaire ; on tiendra les animaux à une diète sévère ; on les fera bouchonner, étriller, etc...

Si les tumeurs charbonneuses, qui se sont montrées sur le corps de ces animaux, sont petites, on les extirpera avec le bistouri en ayant soin de ménager la peau ; on remplira l'ulcère de plumaceaux chargés d'onguent épispastique et caustique, composé de quatre onces de basilium, de quatre gros d'essence de térébenthine, de deux gros de mouche cantharide et d'une pareille quantité de sublimé corrosif. On y entretiendra l'inflammation et on couvrira les parties environnantes de plumaceaux, chargés du même onguent, qu'on tiendra en place au moyen d'un bandage.

La tumeur est-elle plus volumineuse, on la scarifiera dans plusieurs endroits de son étendue, et on en fera sortir la sérosité qui y est contenue, on lavera ensuite ces scarifications avec l'essence de térébenthine, on les remplira de plumaceaux imbibés de cette liqueur et saupoudrés ensuite de quinquina ; le second pansement et les autres se feront avec un onguent composé de deux onces de stirax liquide, d'un gros d'essence de térébenthine et de trois gros de quinquina en poudre. On soignera les animaux et on suivra, en tout, ce qui est prescrit dans le traitement préservatif.

Délibéré à l'École vétérinaire, ce 10 septembre 1789.

Signé : CHABERT.

Nº 7. *Lettre de Jean-Baptiste Flaubert au département de Troyes.*

Messieurs très honoré,

Je vous envoye les procès-verbaux des paroisses de Boulage et de Cleles avec celui de Faufrenoi (1), au sugest de deux cheveaux suspects de morve, avec la mémoire de Cleles. Vous voudré bien, Messieurs, me faire payé le montant par qui bon vous semblera. Ce n'est pas que les habitants difère de me payé, au contraire ; mais

---

(1) Boulages et Clesles, canton d'Anglure (Marne), Faux-Frénoy, canton de Fère-Champenoise (Marne).

comme il ce trouve en discorde ensemble pour leurs bien communaux, j'aime beaucoup mieux que vous donnié votre ordonnance. Quant aux Messieurs de Boulage, ils m'ont satisfait avec contantement. J'espère, Messieurs, de vous, la continuation de votre protection en voulant en rendre comte à M. Chabert de la réussite des deux paroisses.

Je suis, Messieurs, etc.

Flaubert, vétérinaire breveté du Roy.

A Bagneux, ce 28 septembre 1789.

Nº8. *Copie du procès-verbale de la paroisse de Clele[et] du relevé de la maladie épizootique sur les beste à cornes et cheveaux.*

L'an 1789, le 27 septembre, je me suis transporté, Jean-Baptiste Flaubert, artiste vétérinaire, établit à Bagneux, dans la paroisse de Clele, pour faire le relevé de la maladie épizootique qui a régné sur les bestes à cornes et cheveaux et plusieurs sont morts, qui seront dénommé après. Il nous paraît plus aucun simptômes de maladie contajieuze, quoique cependant nous n'ozerions pas en assurer la certitude, veu les fourages mal récolté, attendu qu'il ont été la victime d'une nuée ; la grelle a massacré la plus grande party de leurs emblaves, la foudre a passé, a renversé plusieurs bâtiments ; la majeure party des noyés, des peuplier ont été arrachés ; dans les tereins de fermeté, les arbres ont été cassé, brisé, sans que l'on soit apersus d'un dézastre pareille ; cependant l'on a entendu un bruissement qui a duré environ une demi-heure. Le nombre des morts avant mon traitement mont à quarante-sis ; le nombre des morts dans le traité mont à cinq, tant cheveaux que bestes à cornes ; le nombre des prézervé mont à quatre cens et plus et nom compris les cheveaux. Tous les traitements ont été fait avec la plus grande attention qu'il nous a été possible. Moy, dit Flaubert, a fait quinze voyage, passé plusieurs journé et nuit pour ceste maladie et a fournit quelque médicaments et les habitans ont fournit le surplus.

Observation. — L'endroit est aquatique ; les plantes sont renoncules, le jongongot, l'éclair(1) et autres plantes de cette espèce, rempli de rouille, veu l'inondation des eaux — la rivière passe à quelque distance de l'endroit — mais rempli de noue, de marcage ; leurs écuries nulment héré (aérées), le fourage en herbe de toutes sortes de plantes coupé, araché dans les emblaves, comme dans les bois et prée, etc. La paroisse a été la victime il y a quarante-deux ans environ ; suivant la déclaration des enciens, la maladie était un charbon pareille à celui-ci ; elle a franchi plusieurs paroisse de nos cantons ; il n'y en a presque point resté, et nous prions tous ceux qui sont à prié de vouloir bien en examiné la cause de cette maladie, pour pouvoir nous garantir de maladies épizoôtique et en espérance la continuation de leurs secours. Interpelé Messienrs sindics et habitants de signer avec nous, ce qu'ils ont fait ;

Signé : Jean Biron ; Pierre Richomme ; Louis Truffé ; Louis Laurent ; Simon Richomme ; Martin Clivot ; Trutat, sindic.

---

(1) Il faut peut-être ici lire : *l'èche* pour *latche* au lieu de *l'éclair*, comme dans la pièce nº 40 (Boulage), p. 29-30.

Je certifie, moy Flaubert, que cette copie est conforme aux originaux qui sont à Bagneux.

Signé : *Flaubert,* vétérinaire breveté du Roi.

***

N° 9. *Perte de la maladie épizootique sur la paroisse de Clele.*
Nom des propriétaires.

Messieurs Paul Protat le jeune, deux vache................. . 2.
　　　　　Louis Laurent l'aîné, une vache.................... 1.
　　　　　Martin Clivot, une vache et un cheval...., ... 2.
　　　　　Pierre Richomme, un bœuf........................... 1.
　　　　　Simon Richomme, deux bœuf et une vache et deux
　　　　　　　veau .... 5.
　　　　　Louis Trutat, un bœuf............................... 1.
　　　　　Jean Protat, une vache............................. 1.
　　　　　Simon Laurent, une vache .... 1.
　　　　　Nicolas Richomme, deux beste à corne............... 2.
　　　　　Jean-Baptiste Trutat, trois vache................. 3.
　　　　　Alexandre Le Compte, une vache.................... 1.
　　　　　Jacques Milard, une vache .... 1.
　　　　　La veuve Pierre Lamy, trois beste à corne......... 3.
　　　　　Pierre-Jean Danton, deux beste à corne...... ..... 2.
　　　　　Jacques Quanlet, une vache .... 1.
　　　　　Jean-Nicolas Bertié, un taurot, un mulet et une
　　　　　　　vache.. 3.
　　　　　Denis Birot, deux vache........................... 2.
　　　　　Claude Chapele, deux vache et une jument......... 3.
　　　　　Laurent-Benoît Millet, une vache................. 1.
　　　　　Claude Herbelin, une jument .... 1.
　　　　　Hyat Ste (*sic*) Millard, une jument et un poulain .. 2.
　　　　　Louis Truffet, trois beste à corne............... 3.
　　　　　Jean-Baptiste Clivot, une vache................... 1.
　　　　　Sulpice Laurent, deux bestes à corne.............. 2.
　　　　　Pierre Seurat, deux beste à corne................. 2.
　　　　　Théodore Laurent, deux jument.................... 2.
　　　　　Sulpice Millard, deux jument..................... 2.
Suivant la déclaration à la porte de l'Eglise en présence des habitans.

Perte.................... 51.

Signé : *Flaubert.*

***

N°10. *Copie du procès-verbal du relevé de la maladie épizootique*
de Boulage.

L'an 1789, le 20 septembre, je me suis transporté, Jean-Baptiste Flaubert, artiste vétérinaire, établit à Bagneux, dans la paroisse de Boulage, ponr faire le relevé de la maladie épizootique qui a régné sur les bestes à corne. Il ne nous paraît plus aucun simptôme actuel de cette maladie. Le nombre des morts avant le traitement mont à 25, le nombre des morts dans le traité mont à 3. My dit Flaubert n'a cru mieux faire pour la finition de faire faire une fumigation tous à la même heure au son de la cloche, ce qui a été fait avec la plus grande attention possible; la nature a secondé mon art, les habitants m'ont secondé dans mes traitements. My dit Flaubert a fournit quelques médicament, les habitants ont fournit le surplus.

Observation. — L'endroit est aquatique, les plantes sont les renoncules, le jongongot, l'éche(1) et autres plantes de cette espèce remplis de rouille, vue l'inondation des eaux ; cependant la rivière passe auprès de l'endroit, quoique la paroisse n'a point coutume d'an avoir été la victime d'un tems mémoriale ; leurs écuries à plusieurs n'était nulment héré (aérées) ; les bestiaux rentrant à midy, leurs écuries remplis à plusieurs de fourage, la plus grande party des herbage araché dans les enblaves, toute en fleurs comme le coquelicot en abondance...

Signé : *Flaubert*, vétérinaire breveté du Roy.

Suit la liste des habitants dont les animaux ont été atteints par l'épizootie, soit 28 morts sur 450 environ de préservés.

Signé : *Flaubert*, vétérinaire breveté du Roy.

N° 11. *Mémoire de la maladie épizootique, qui a régné dans la paroisse de Clele sur les cheveaux et bestes à corne, dans le courant août 1789, que les procès-verbaux ont été envoyé à Messieurs les procureur et sindic du département de Troyes.*

My, dit Flaubert, a fait quinze journée, non compris les nuits, à 6 livres par jour, fait la somme de........................ 90 l.
Drogues fournit :
Camphre, une livre................................ 0 l. 95
Kinkinat, une livre............................... 0 l. 95
Nitre, quatre livres à 32 s. la livre .... 6 l. 85
Ongant pour les setons, quinze livre à 32 s. la livre, fait la somme........................ 24 l.

Total................. 138 l. 85

Vu le présent mémoire, nous n'y avons rien trouvé à dire, excepté les journées que nous avons trouvées trop fortes de prix, et nous vous en laissons la connaissance pour en juger.

Délibéré à Clesles, ce 21 janvier 1790.

Signé : Martin Clivot ; Simon Richomme ; Louis Laurent ; Pierre Richomme ; Louis Truffé ; Jean Birost ; Trulat, sindic.

N° 12. *Lettre de MM. les députés de la Commission intermédiaire provinciale de Champagne.*

Chaalons, le 27 janvier 1790.

A MM. du Bureau intermédiaire de Troyes,

Nous ne nous rappelons pas, Messieurs, que vous nous ayez fait part de l'épizootie, qui a régné à Clesles dans le mois d'août dernier, ni que

---

(1) Voir p. 28, pièce n° 8 (Clesles), les mots : *l'éclair, l'éche,* pour *laiche.*

vous nous ayez envoyé aucun procès-verbal qui constate la mission dont le sieur Flaubert dit avoir été chargé, enfin le détail des animaux malades, de ceux qui sont morts et qui ont été préservés de l'épizootie. Ce n'est que sur la représentation de ces actes que nous pouvons expédier nos mandats et juger, s'il y a lieu, de rembourser les drogues dont la province ne se charge qu'en faveur des cultivateurs qui ont fait des pertes de bestiaux.

D'ailleurs, nous avons rendu compte, le 24 de ce mois, à M. le Contrôleur général, des épidémies et épizooties qui ont affligé la province en 1789; nous n'avons pu y faire mention de celle de Clesles, dont nous n'avions pas connaissance, et nous sommes dans l'impossibilité de lui en envoyer les détails, puisque votre lettre se borne à solliciter le payement de la somme sollicitée par cet artiste.

Vous voudrez bien, Messieurs, lui demander un procès-verbal détaillé de ses voyages, un dénombrement des chevaux et bêtes à cornes qu'il a traitées, exiger de la municipalité un certificat qui constate qu'il n'a reçu aucun salaire des laboureurs, et nous certifier par un arrêté que le sieur Flaubert s'est rendu dans cette paroisse, en exécution de vos ordres. Ce ne sera que sur ces actes, que nous pourrons taxer le mémoire ci-joint et vous en procurer le remboursement par un mandat.

Nous avons l'honneur d'être, Messieurs, vos très humbles et très obéissants serviteurs.

Les députés composant la Commission intermédiaire provinciale de Champagne.

Signé : l'abbé d'Andigné, Rôzé, etc.

Nº 13. *Lettre de la Commission intermédiaire de Champagne à Châlons, au Bureau intermédiaire de Troyes, 8 mars 1790.*

Nouvelle demande d'envoi des pièces, nécessaires à l'expédition du mandat de remboursement demandé pour l'épidémie de Clesles : mémoire du sieur Flaubert, procès-verbal de l'épizootie, certificat de la Municipalité de Clesles constatant le nombre des voyages faits par cet artiste, et l'emploi des drogues par lui fournies gratuitement, et l'avis du Bureau de Troyes sur la somme à allouer audit expert-vétérinaire.

Nº 14. *Lettre de la Municipalité de Clesles au Bureau intermédiaire de Troyes.*

Ce 8 avril 1790.

Messieurs, nous avons retardé à vous faire réponse sur votre lettre, donte nous en avons fait lecture par deux fois à la porte de l'église, et d'après j'é été chez le sieur Flaubert, vétérinaire à Bagneux, donte il était en campagne. Je dis à son épouse de venir nous voir. Il est venu, et il nous a fait refus de nous donner aucun procest-verbal des voyage, qu'ils a fait à Clesles, et d'après qn'il nous a fait refus de nous donner le nombre des chevaux et bestes à corne qu'ils a traité ; suivant les déclarations qu'ils nous ont été faite, ledit Flaubert n'a pas traité la moitié des bestes à corne ; la plus forte partie des habitans ne veulent pas consenty, que se soit pas la communauté qui paye cette dépense. Sy nous vous avons point fait réponse plustôt, s'est par la faute du sieur Flaubert, cy nous vous avons point fait réponse plustôt *(sic)*.

Messieurs, nous avons l'honneur d'être votre très obéissant serviteur.

Signé : Edme Jeannet, maire ; Dumel, procureur ; P. Thomas, officié menucipeaux *(sic)*.

N° 15. *Lettre de Jean-Baptiste Flaubert au citoyen Chabert, directeur et inspecteur des Écoles vétérinaires.*

MÉMOIRE.

Jean-Baptiste Flaubert l'aîné de trois frères, tous trois élèves de l'École vétérinaire d'Alfort, lui Flaubert l'aîné établit d'abord à Nogent-sur-Seine, et maintenant à Bagneux, département de la Marne, canton de Saint-Just.

Vous expose avec la liberté et la confiance, que lui inspire votre zèle bienfaisant de votre vigilante attention à protéger à la patrie les personnes utiles : Ayant un enfant âgé de quinze ans, jay recours à votre bienfaisance pour obtenir une place gratuite à l'École vétérinaire.

Si les services que le supliant croit avoir rendu à l'État et la République, durant le cours de plus de vingt années, dans le traitement de différentes maladies, peut lui servir de recommandation, pour accorder la grâce quil sollicite, il se contentera de faire une simple récapitulation des cures qu'il a opérées.

Le supliant enfin pour confirmer la vérité des fait articulés au propre mémoire. Je viens de faire passer le pareil tableau au citoyen Ministre de l'Intérieur.

Bagneux près Méry-sur-Seine, le 30 ventose an 6 de la République française.

Flaubert, vétérinaire.

(Archives de l'École d'Alfort, dossier *Flaubert*.)

N° 16. *Lettre de Jean-Baptiste Flaubert au citoyen Chabert, directeur et inspecteur général des Écoles vétérinaires de France.*

Comme jay recu un exemplaire d'un arrêté du département de la Marne, consernant les maladies d'épizooties, séance du 21 nivose l'an sixième, Bulletin des Lois, n° 133...

arrêté du directoire exécutif des maladies épizootiques du 27 messidor, n° 1294...

du Ministre de l'Intérieur du 23 messidor an 5, Paris le 19 fructidor an 5, 4° division, Bureau d'agriculture, n° 6773.

ma engagé à vous envoyer les dits tableaux ; je vous ai toujonrs consulté dans les maladies contagieuses, et jay suivi vos conseils ; et jay toujours réusit, comme le Ministre peut le voir part tous les procès verbaux, qui sont depposé au archives des si devant intendant et subdélégué.

Je vous diré que jay fait depuis plusieurs année des réusite, dans les fractures et luxations des cheveaux.

Manière que je suspent mes cheveaux : je place mon cheval dans le coin de l'écurie ; ji prend deux pièces de bois portant quatre ou cinq pouces d'écarisage de hauteur suffisante, attachée à la partie supérieure en solive de l'écurie avec chevilles, et la party inférieure de quatre ou cinq pouces dans terre. Je né besoin que d'une traverse dans mes deux montant partant de longueur, que depuis les flands jusques la poitrine, qu'en en molinest dans les deux montants(1) ; la ditte traverse qui est le molinest est persée de sept trout, cinq pour la sangle, trois pour la suspande de l'abdomen et deux pour la suspande de la poitrine. Quand au deux autres trouts, me serve pour mes levié pour suspandre mon cheval, et ce ne sont point percé sur la même ligne des cinq premié... Crainde que mon cheval ne se jette en arière, je prand une paire d'évaloire avec une corde à l'encolure, qui passe le long des dorsales et lombaires ; pour attaché la party supérieure des dits évaloires, je prand deux autres cordes, que j'atache au chaine des dittes évaloires ou encore au aneaux ; l'autre bout de mes deux cordes sont attachée à la mangoire, si toutefois elle est solide ; si elle ne l'est point, je les attache au mur sur la party antérieure ; par ce moyen, je lève mon cheval à telle dégré que je juge à propos.

Préparation de mon bendage pour jambe cassé. Je fais choix d'un pied dorme ou branche, un peu plus gros que la jambe du cheval ; je lève lécorce en deux party ; je mes des plumaceau imbibé d'extrait de saturne et blanc d'œuf dans la partie concave de mes écorses, sur mes plumaceaux, si toutefois il ny a point de plais ; je ne lève mon apareille que huit neuf jours après. Pour ligature, je prand les liens que lon sert pour emmallioté les enfans ; et, dans le traitement, je lotione la party avec vin aromatique quatre à cinq fois le jour.

Je viens de traiter à Bagneux, le 30 janvié dernié, une jument du vertige ; nous avons combatu cette maladie depuis quatre heures du soir jusqu'à minuit. A la dernière crise, le canon a quitté totalement larticulation ; le cheval a marche sur le canon. Jay suspendu mon cheval, jay fait la réduction ; il a été que vingt deux jours suspendu ; le cheval est radicalement guérit. Voilà quinze jours que le cheval va à charut tous les jours. D'autres jambe qui ont été casse, trois, quatre et cinq mois sans travalié.

Autre observation. En 1796 à Méry-sur-Seine, les maréchaux de Méry ont fait loppération de la castration, ont cassé la jambe au cheval. Jay été appelé ; nous avons fait les même traitement ; le cheval est radicalement

---

(1) Il s'agit ici d'un appareil de suspension improvisé à l'aide d'un treuil. Dans une partie de la Champagne et notamment à Villenauxe, on disait autrefois et on dit encore " molinet " pour moulinet et "molin" pour moulin.*

* Voir Littré. Dictionnaire de la Langue française. T. 3° Paris 1878 :
a) " Moulinet..... 4° Tour traversé par des leviers qui s'appliquent aux engins, aux cabestaus, etc., pour tirer des cordages et élever des fardeaux... Etym. Diminutif de Moulin, p. 649.
b) " Moulin..... Etym. Berry et wallon, molin ; picard, molin, mélin, meulin ; bourguig., melin ; provenç., molin, moli... p. 648.

guérit, ainsi que dautre fracture et luxation ; me je suis dans le cas de prouve le nom des communes et des propriétaires. Je vous diré que jay eü plusieurs chevaux, qui ont été condamné morveux par plusieurs personnes et, en suivant vos traitements, ont été guérit.

J'espère de vous la continuation de votre protection.

Je suis, Monsieur, votre élève Flaubert vétérinaire à Bagneux, ce 30 ventose lan 6e de la République française.

(Archives d'Alfort, dossier Flaubert.)

II° Dossier Nicolas Flaubert.

1° *Arrêté du Directoire du Département de l'Aube 24 septembre 1792.*

Bien Public

District et Municipalité de Nogent-sur-Seine.

N° 339. Enregistré au Directoire du District de Nogent-sur-Seine le 28 septembre 1792, l'an 1er de la République Française.

Vu la requête présentée par le sieur Flaubert, artiste vétérinaire, résident à Nogent-sur-Seine. Expositive qu'à défaut d'être muny d'une Commission pour veiller sur 'es bestiaux dépendant du ci-devant gouvernement, il en résulte journellement des abus conséquents, que les cultivateurs où sont placés les dits bestiaux, vont même jusqu'au point de ne rendre compte (à) qui que ce soit de la gestion des dits bestiaux, lors de la demande qu'on lui ferait comme ci-devant chargé de cette inspection, qu'il ne pourrait en établir aucun compte ; en conséquence vu le besoin où il est de surveiller avec exactitude cette partie, il demande à être pourvu d'une nouvelle Commission au lieu et place de celle qui lui avait été accordée par M. Berthier, ci-devant intendant de la ci-devant généralité de Paris ; comme aussy à ce qu'il plaise à l'administrateur ordonner que le Receveur du district de Nogent-sur-Seine, versera incessamment les deniers qu'il peut avoir entre les mains du montant des sommes qui lui sont dues, depuis plusieurs années, tant pour l'inspection des dits bestiaux que médicamens, et peusemens par lui faits et fournis, suivant la notte des particuliers qui ont payés jusqu'à ce jour.

L'état des sommes reçues par le Sr Leloir, greffier de la cy-devant subdélégation de Nogent-sur-Seine, des particuliers possesseurs de vaches du cy-devant gouvernement, à raison de vingt-quatre sols par année à l'époque de la Saint-Jean-Baptiste, montant à la somme de cinquante une livres dix sols, de lui certifié véritable et visé par les administrateurs composant le Directoire du district du dit Nogent le vingt uillet dernier.

La quittance donnée au dit Sr Leloir par le Sr Baudouin recevenr du district de Nogent le dix-neuf du dit mois de juillet de la ditte somme, cinquante une livres dix sols.

L'avis du Directoire du district de Nogent-sur-Seine, en datte du vingt du même mois de juillet.

Le Directoire après avoir entendu le procureur général sindic.

Arrête qu'il sera payé par le Receveur du district de Nogent-sur-Seine au Sieur Flaubert, artiste vétérinaire, demeurant au dit Nogent, à compte de ce qui peut lui être dû, la somme de cinquante une livres dix sols que le dit sieur Receveur a touché du Sr Le oir, cy devant greffier de la cy-devant subdélégation de la dite Ville.

Arrête en outre qu'en attendant qu'il en ait été autrement ordonné, le dit sieur Flaub rt continuera en sa dite qualité d'artiste vétérinaire, de visiter le plus souvent qu'il lui sera possible les vaches du cy-devant gouvern ment données aux différents particuliers portes en l'état par luy fourny, de les traiter des maladies et accidents qu'elles seraient dans le cas d'éprouver, sauf à lui accorder une indemnité proportionnée à ses peines et soins ; à l'effet de quoi le présent arrêté lui tiendra lieu de *Commission*.

Fait à Troyes par les administrateurs composant le Directoire du département de l'Aube, en leur séance publique tenue au lieu accoutumé, le lundi vingt-quatre septembre mil sept cent quatre-vingt-douze, le 1er de la République après-midi.

(*Une signature illisible*). — REGNAULT, BETAUX, COURTAT, LEGOUEST, GOULLEURE.

Averty de faire timbrer extraordinairement le présent ou le faire viser avant que de pouvoir s'en servir.

Archives nationales. D. III, 22 no 160.

2º *Lettre de Nicolas Flaubert.*
Liberté, Egalité.

Au Citoyen Souspréfet de la Commune de Nogent-sur-Seine.

Nicolas Flaubert, artiste vétérinaire, à Nogent-sur-Seine. *Expose que,* depuis quatre ans, il épuise toutes ses ressources pour suivre l'éducation de son fils, âgé de quinze ans et demie, et le mettre à même d'être utile en société ; que ce fils est déjà versé dans la partie des mathématiques et dans celle du dessein ; ainsi que dans les autres sciences premières, qui sont la base d'une instruction solide ; qu'il serait malheureux pour lui de voir tomber en pure perte les dépenses qu'il s'est efforcé de faire, jusqu'à ce jour, et qu'il va se trouver cependant dans ce cas, en raison des pertes qu'il a essuïés dans sa modique fortune, depuis plusieurs années ; si le gouvernement ne vient pas à son secours, en admettant son fils gratuitement, soit à l'Ecole Vétérinaire d'Allort, soit dans une Ecole polyteicnique. Il vous prie en conséquence, Citoyen Souspréfet, de vouloir bien, d'après les renseignements que vous êtes à même de prendre : vus l'exposé qu'il vous fait, appuyer sa demande et la faire acceüillir du gouvern ment. Vous ferès en cela un acte de justice, et vous rendriès un service signalé et puissant à un père qui ne cesse de se donner toutes les peines possibles pour être util par son art à ses concitoyens.

FLAUBERT.

Vu par nous, premier adjoint du maire de la Ville de Nogent-sur-Seine, faisant par l'absence du maire, la présente pétition dont l'exposé est de la plus exacte vérité. Aujourd'hui le Douze messidor un huit.

Signature illisible.

Vu la pétition ci-dessus,

Le certificat de l'adjoint du maire de la commune de Nogent sous la datte du Treize Messidor, constatant que le citoyen Flaubert, artiste vétérinaire est hors d'état de payer la pension de son fils qu'il destine à entrer soit à l'École d'Alfort, soit à l'École Polyteicnique.

La loi du 29 Germinal an 3, celle du 25 Frimaire an 8.

Le Souspréfet du deuxième arrondissement de l'Aube, estime que le fils du pétitionnaire doit être admis, après avoir atteint l'âge de seize ans à concourir pour l'École polyteicnique, ou envoyé à l'École Vétérinaire d'Alfort comme élève du département de l'Aube.

Nogent-sur-Seine le dix-huit messidor an huit de la République française.

(*Timbre de la Sous-Préfecture*).   Signé : FEUYÉ,

Au dos, il y a : N° 1. Citoyen Flaubert.
Écrit au Ministre le 5 Frimaire an 10.

Le Citoyen *Flaubert* père a consenti, par lettre du 12 nivôse an 10, à céder au Citoyen *Lebeau* sa priorité d'inscription, s'en réservant l'effet par la suite.

(Archives du département de l'Aube : L. 527.)

II *bis* Annexe du dossier Nicolas Flaubert (1).

1° *Convention Nationale.*

Présidence de David. Suite de la séance du 25 nivose, an 2, 16 janvier 1794 (v. s.).

(*Extrait du procès-verbal*).

Sur le rapport de *Rivièrr*, le décret suivant est rendu :

« La *Convention nationale*, après avoir entendu le rapport de son *Comité de surveillance* de l'examen des marchés, subsistances, habillements et charrois militaires.

« Décrète que *Claude Moreau*, entrepreneur des convois militaires, et *Flobert*, artiste-vétérinaire de *Nogent-sur-Seine*, se qualifiant de maréchal des logis dans une des compagnies de *Moreau*, seront traduits au tribunal révolutionnaire pour y être *jugés* conformément aux lois. »

2° *Tribunal criminel Révolutionnaire.*

Du 9 (ventose, an 2, 27 février 1794. v. s.)....

Claude Moreau, âgé de trente-cinq ans, né à *Tonnerre*, département de l'*Yonne*, entrepreneur des transports et des subsistances militaires,

---

(1) *Réimpression de l'ancien Moniteur, (Gazette Nationale ou le Moniteur Universel), seule histoire authentique et inaltérée de la Révolution Française depuis la réunion des Etats généraux jusqu'au Consulat, mai 1789-novembre 1799*. Avec des notes explicatives. Édition ornée de vignettes. Reproduction des gravures du temps. Paris, Henri Plon, imprimeur-éditeur. a.) Tome XIX°. *Convention Nationale*. Paris, 1860 : 1°, p. 216. 2° colonne. 2°, p. 612, 1re et 2° colonnes.— *b*) Tome XXX : 1° Table rédigée et collationnée par M. *A. Ray*. Paris, 1863. III° : 5° cahier, p. 438, 1re colonne.

auparavant roulier, convaincu d'infidélité dans les fournitures de chevaux faites pour le compte de la République, a été condamné à la peine de *mort*.

Nicolas Flobert, âgé de trente-six ans, né à *Saint-Just*, district de *Sézanne*, résident à *Noyent-sur-Seine*, convaincu d'avoir tenu des propos inciviques et contre-révolutionnaires, a été condamné à la peine de la *déportation*.

3° *Table (des matières du Moniteur)*.

Flobert, artiste vétérinaire. — Est traduit au tribunal révolutionnaire, XIX, 216. Est condamné à la déportation, XIX, 612.

III° Dossier Antoine Flaubert.

Archives du département de l'Aube, C. 1169.

N° 1. *Lettre de Chabert à Rouillé d'Orfeuil.*

Alfort, 22 avril 1781,

Monsieur,

Le nommé Flaubert, élève entretenu à cette Ecole aux frais de votre Généralité, ayant terminé ses cours et étant en état d'être utile à votre province, vous voudrés bien donner vos ordres pour le départ de cet artiste. Le régisseur aura l'honneur de vous addréssés l'état des sommes dues pour cet élève.

Je suis avec respect, Monsieur, votre très humble et très obéissant serviteur.

CHABERT.

En marge, il a été écrit de la main de Rouillé :

« Luy répondre de le faire partir et d'imputer les deux mois restant à échoir de la pension, qui a été payée d'avance jusqu'au 1ᵉʳ juillet 1781, sur la dépense des autres élèves pour les six derniers mois de la même année. »

Le 1ᵉʳ may 1781, R. D.

N° 2. *Lettre de Jougla, de Troyes, à Rouillé.*

Monsieur,

Il y a le nomé Flaubert, paroisse de Bagneux, Election de Sézanne, qu'aiant fait ses cours de pratique et de téorie à lécolle vétérinaire, au compte de la province, demande que vous luy permetiés, monsieur, de faire son domicile à Arcis-sur-Aube. Cette contrée est peuplée de beaucoup de bétail, d'où les vétérinaires sont éloignés de six lieues. Ce *caton* (canton) lui serait préférable à la ville de Sézanne, aux environs de laquelle il y a Flaubert son frère et *Maréchal*, tous deux gardes haras.

Le Sᵣ Flaubert se conformera à vos ordres.

Je suis avec le plus profond respect, Monsieur, votre très humble et très obéissant serviteur.

JOUGLA, à Troyes, le 21 may 1781.

En marge, Il y a de la main de Rouillé :

« Si la totalité de son instruction a été payé par la Province, répondre qu'il en est bien le maître et qu'il peut choisir son domicile dans toute la Province. — Le 29 may 1781.»

N° 3. *Lettre de Chabert à Rouillé "d'Orfeuille".*

Monsieur,

J'ai l'honneur de vous addresser le Brevet du Sr Flaubert. J'ai cru qu'il devait tenir, de votre main, cette nouvelle faveur ne pouvant que l'encourager à faire de nouveaux efforts pour mériter votre protection.

Je suis avec respect, monsieur, votre très humble et très obéissant serviteur.

CHABERT.

Note de Rouillé d'Orfeuil du 29 du dit.

«Accuser la réception. Envoyer au subdélégué pour le remettre à cet élève, mais le prier de marquer où il fixera sa résidence ; il y a...(quelques mots illisibles)... du bureau à Troyes qui demandait qu'il puisse s'établir à Arcis-sur-Aube. »

N° 4. *Lettre de Flaubert à Rouillé d'Orfeuil.*

A Monseigneur de Rouillé Dorfeuille, intendant de la Province et Frontière de Champagne,

Le nommé Antoine Flaubert, élève de l'Ecole Royale Vétérinaire, et garde haras, demeurant à Arcis-sur-Aube, où il a fait choix de son domicile, avec le consentement de Monseigneur, pour être à même de porter tous les secours nécessaires aux bestiaux, dans les maladies épisootiques.

Le supliant à l'honneur de mettre sous vos yeux, Monseigneur, qu'il n'a fait choix de son domicile, à Arcis-sur-Aube, que sous l'espoir dont il a été flatté, qu'on luy accorderoit son logement et quelque petite gratification annuellement dans son département.

Le supliant est dans le cas de prétendre aux graces de Monseigneur, avec d'autant plus de raison que son père, ayant sacrifié le peu qu'il avoit pour instruire deux de ses frères aux Ecoles Vétérinaires, se trouve hors d'état de fournir à celuy-cy, forge et tout ce qui est nécessaire à son art. Depuis seize mois qu'il est à Arcis, le supliant est obligé de se les procurer d'emprunt.

Ce considérer, Monseigneur, il vous plaise accorder vos bienfaits à celuy qui desire se rendre dignes de vos bontés, par sa bonne conduite, et de se rendre utile pour toutes les maladies des bestiaux, ainsy que le prouvent les certificats cy-joint.

Il ne cessera, Monseigneur, de former les vœux les plus ardents au Ciel pour la conservation de votre Grandeur.

Antoine FLAUBERT, artiste vétérinaire.
Arcis, ce 15 septembre 1782.

En marge se trouve les deux notes suivantes :

1° « Je crois qu'il y a déjà des pièces concernant l'établissement de cet élève vétérinaire à Arcis-sur-Aube. Les reprendre. »

A côté il y a : « Elles sont jointes. »

2° « Le 30 septembre 1782, écrit à M. Paillot, pour le prier d'engager les syndics, notables et principaux habitans d'Arcis-sur-Aube, à venir au secours du sieur Flaubert, en lui procurant une forge et les outils et instruments de son état ; et prié de faire part du succès de ses démarches. »

N° 5. *Pétition à Monsieur le Compt de Brienne.*

Arcys, 14 juin 1786.

Monsieur,

La Communauté d'Arcys-sur-Aube, depuis quatre ans, a l'avantage de posséder le sieur Flaubert médecin-vétérinaire quy, en cette qualité, a donné différentes preuves de sa capacité, tant au dit Arcys que dans les villages circonvoisins. Sa réputation s'est accrue en conséquence. La Ville de NANGI, jalouse de se procurer un homme aussi utile aux Bien Général, lui a fait des offres si honnêtes quile est décidé à les accepter. Il ne reste à la communoté d'Arcys, que le parti davantager cet artiste, pour le conserver. Nous vous suplions donc, Monsieur, de l'honorer de votre protections auprès de monsieur l'Intendant, pour obtenir que, par son ordonnance, il autorise à gratifier le sieur Flaubert d'une somme de douze livres par ans, et enjoigne aux villages circonvoisins de contribuer chacun à proportion de son étendue à cette gratification.

La Communauté d'Arcys a dautant lieux d'espérer que vous acceuillerez favorablement la présente, que son cas est de récompancer le mérite reconnu et de sattacher par la un homme si utile aux cultivateurs. Comptant sur vos bontés et votre plaisir à obliger.

Nous avons l'honneur, Monsieur, d'être, avec tout le respect possible, votre très humble et très obéissant serviteur.

(Suivent quinze signatures.)

N° 6. *Lettre de A. Flaubert au Comte de Brienne.*

Monsieur le Comte de Brienne.

Monsieur,

Vous avez bien voulu daigner m'accorder votre protection ; vous m'avez promis que si je restois à Arcis, que vous m'oublieriez pas. Les particuliers d'Arcis ont fait plusieurs assemblées, pour pouvoir m'avantager pour un logement. Comme la communauté a peu de revenu, cela a été inutile ; ils ont trouvé un moyen qui pourroit y remédier.

Le logement des cavaliers de Marechaussée se prend dans l'arrondissement de cinquante villages ; il est très possible que l'on en fasse de même à mou ég.rd. Sur quoi je m'obligerez de faire une visite, une fois l'année dans chaque endroits, pour visiter les maladies contagieuses tel que la morve, dont on fait souvent un trafic funeste et préjudiciable au cultivateur.

Monsieur le Comte voudera bien proposer cette demande à Mgr l'Intendant. Monsieur le Comte aura la bonté de faire observer à Mgr l'Intendant, que je n'ay jamais présenté aucun mémoire n'y exhorbitant n'y autre, comme Monseigneur le prétend; que sy mon frère en a présenté, cela ne doit pas rejaillir sur moy; que Monseigneur se rappelle que c'est moy qui a traité cette maladie pestilentielle Destissac et des environs; que jay exposé ma vie nombre de fois pour cette maladie, puisqu'il est vrai que plusieurs personnes ont été attaqné de cette peste et en sont mort.

Mgr l'Intendant fut sy content de mon travail et de mon succès, qu'il me fit avoir cent cinquante livres de gratification du ministre, non compris mes journées payées.

Je suis Monsieur, avec un profond respect, votre très humble et très obéissant serviteur,

FLAUBERT, artiste vétérinaire.

A Arcis ce 16 juin 1786.

Dans le haut de la lettre et en marge Il y a :

« Le 31 juillet 1786, écrit à M. Paillot, pour lui demander des éclaircissemens sur cette demande, en lui rappelant ce qui s'est passé au sujet de la première demande formée en 1782 par Flaubert.»

N° 7. *Lettre de Flaubert Antoine à M. Paillot, subdélégué,*

Monsieur,

J'ay l'honneur de vous écrire, pour vous prier d'agir avec toute la promptitude possible pour ce qui me concerne, attendu que ma position actuel est des plus désagréables, ayant deux loyers de maison sur les bras; attendu que mes effets sont party dans un endroit ou je devois aller prendre possession. D'après une lettre que Monsieur de Brienne ma écrit et que Monseigneur l'Intendant luy avoit dit qu'il ne m'empêcheroit pas de partir, il faut de tou te nécessité que je sache, à quoy m'en tenir.

Je vous réitère donc, Monsieur, ma prière de porter tous vos soins pour me retirer du labirinthe où je suis, en donnant vos ordres aux habitants d'Arcis et paroisses circonvoisines, pour qu'ils s'assemblent et qu'ils voyent ce qu'ils peuvent faire à mon égard. J'attend incessament ce service ; ce faisant vous obligerez celuy qui a l'honneur de se dire, avec le plus profond respect, votre humble et très obéissant serviteur.

FLAUBERT, artiste vétérinaire.

A Arcis ce 17 août 1786.

N° 8. *Lettre de Flaubert Antoine à M. Rouillé Dorfeuille,*

Monseigneur,

J'ay eu l'honneur de vous écrire, pour vous prier de jetter un coup d'œil sur ma situation actuel. J'ay acquis une maison, il y a quatre ans, d'après les promesses qui m'ont été faites de m'aider à les payer. J'avois, en conséquence, pris des tempéraments pour les remboursements. L'époque des remboursements sont arrivés. J'ay prié que l'on effectue les promesses, qui m'avoient été faites lors de mon acquisition. L'on ma donné de mauvoises défaites.

Pour lors, hors d'état de faire honneur à mes engagements, poursuivi par mon vendeur, j'ay été forcé de vendre cette dite maison, pour éviter les poursuites de mon vendeur. J'y ai éprouvé dans la vente 1600 livres de perte ; d'après cet objet et le peu de produit de mon état, je me suis vu forcé de chercher ailleurs, afin de pouvoir faire honneur à mes affaires.

J'ay eü l'honneur d'en faire part à Monsieur de Brienne, qui vous en a parlé. Vous avez eu la bonté de répondre, que vous ne m'engagiez pas à rester ny à m'en aller. D'après ce, je me suis décidé à envoyer mes effets, qui sont party. D'après ce, je viens d'apprendre que les habitants ont fait une assemblée, à l'effet de m'engager à rester. D'après la lettre que vous leur avés adressée, j'ygnore ce qu'il est résulté à cet égard ; mais j'ay l'honneur de vous prier de me le faire savoir.

D'après votre décision sur cet objet le plus promptement possible, attendu que je ne puis rester dans la position où je suis, ayant deux loyers de maison sur les bras, ne faisant rien de mon état; une partie des villages circonvoisins me croient party.

Sy je reste, il faudra, je vous prie, que les habitants s'obligent, par un acte, à payer une somme de 300 livres pour mon logement, vu toutes les commodités qu'il me faut pour mon état.

Je suis, Monseigeeur, avec le plus profond respect, votre très humble et très obéissant serviteur.

FLAUBERT, artiste vétérinaire.

A Arcis, ce 17 août 1786.

En marge se trouve la note suivante :

A M. Paillot. — Pour joindre à la lettre que je lui ai écrite, le 31 juillet dernier, concernant cet élève, et me présenter sur le tout les éclaircissements convenables, avec ses observations et son avis !
31 août 1786.   R. D.

No 9. *Lettre non datée du Syndic d'Arcis à Paillot, subdélégué à Troyes.*

Monsieur,

Nous répondons à la lètre que vous nous avés écrit, en datte du 11 courant, dans laquelle étoit inclus une lètre de Monseigneur l'intendant, conseruant le sieur Flaubrt, artiste vétérinaire dans le département d'Arcys. Nous y avons vu qu'il solicitoit un logement gratuit et ustensile de son état ; nous avons en assemblée donné communication des deux lètres aux habitant et laboureur, qui reconnoisse que le sieur Flaubert possède son état et qu'ill et très utile, ainsy quile a été dans bien des cas en conséquence au bestail. Ces menus offre faite par gratification au Sr Flaubert dans une délibération en datte du vingt avril mill sept cent quatre-vingt-six. La communoté d'Arcys, ne pouvant par elle seule venir au secour dont il auroit besoin, a commencé par souscrire à luy payer une somme de douze livre annuellement, somme à la vérité modicq ; mais dans l'espoir, qu'en communiquant aux autres paroisse du département la souscription d'Arcys, qu'elle en feroit autant, ce avec dautant plus de raison quelle son moin pourvu dhomme de son ars. Sans avoir égard à la première délibération en sa faveur, les habitant jaloux de conserver des homme à talans se propose, en assemblée générale et prochaine, luy procurer un avantage plus conséquent ; et priëre Monseigneur l'intendant ainsi que vous, Monsieur, d'employer vos bon office auprès des communoté voisines et même de tout le département.

Vous voyés, Monsieur, combien notre communoté et assailly de charge, et peut de rev nus. Cest lavis que nous prenons la liberté de vous donner, à ce sujet, et vous prie de nous croire, avec respect, Monsieur, votre très humble, très obéissant serviteur.

Béon.

N° 10. *Lettre de Paillot à l'Intendant Rouillé d'Orfeuil.*

A Troyes, ce 17 septembre 1788.

Monseigneur,

Le Sr Flobert, élève de l'Ecole Vétérinaire, demeurant à Arcis, demande, dans ses deux lettres, que cette paroisse lui fournisse un logement gratis et les outils de son métier. Il prétend que lorsqu'il y est venu s'établir, on lui avoit promis de l'aider. J'ignore qui c'est, du moins les habitans d'Arcis dénient y avoir aucune part.

Par sa première lettre, que je communiquai aux habitants, ils délibérèrent de lui donner douze livres par an; mais ils ajoutoient que, comme cette somme étoit modique, dans l'assemblée générale et prochaine, on pourroit lui procurer un avantage plus conséquent.

Sur cette réponse, je chargai M. Patris, qui alloit faire adjudication des communes dans les paroisses voisines, de sonder s'il ne seroit pas possible d'en obtenir quelque chose, pour faire au sieur Flaubert une petite pension annuelle ; mais aucune n'a voulu sy pretter

J'ai récri deux fois au syndic d'Arcis, pour savoir si on avoit tenu l'Assemblée générale, qu'il m'avoit anoncé, et si l'on avoit décidé quelque chose en faveur du sieur Flaubert. Ils m'a fait réponse que les habitans étoient décidés à n'accorder que la somme de 12 livres, qu'au surplus le Sr Flobert et sansé parti du pays et que personne ne veut rappeler à d'autres conditions.

Je suis persuadé que le Sr Flobert avoit du talent. Cependant, je n'ai pas eu lieu d'en être content, toutes les fois que je l'ai employé ; les maladies étoient fort longues ; il faisoit en drogues une dépense exorbitante, que je bornois le mieux qu'il m'étoit possible, en commettant Duimuid, élève de l'Ecolle vétérinaire qui est établi à Troyes. Ainsi je ne regrette pas la perte de Flaubert, comme quelque chose de bien désavantageux pour la Province.

Je suis avec respect, Monseigneur, votre très humble et très obéissant serviteur.

Paillot.

En marge, il y a au carton : « Rien à faire ».

IV° Dossier Achille-Cléophas Flaubert.

Extrait des Registres de l'Etat-Civil de Maizières-la-Grande-Paroisse (Aube).

Année 1784.

Le quinze novembre a été batisé Achille Cléophas (1), né du jour d'hier de légitime mariage de Nicolas Flaubert (2), artiste vétérinaire, et de Marie-Appolline Millon, ses père et mère. Le parrain a été Loui-Achille-Rozalie-Félicite Petel, la marraine Marie-Magdeleine Guillard, qui ont signé avec nous.

Signé : Madeleine Guillard. Petel. Rivals, prieur curé.

.*.

---

(1) *Achille Cléophas* Flaubert, fils de *Nicolas* Flaubert, devint chirurgien à Rouen et fut le père de *Gustave* Flaubert. Voir l'arbre généalogique des Flaubert, vétérinaires champenois, page 24, ci-dessus.

(2) D'après M. Boutillier du Retail, archiviste du département de l'Aube, " Flaubert " est une des formes du nom de " Frobert ", le saint si populaire dans tous les domaines de Montier-la-Celle.

Appendice : Le Docteur A.-C. Flaubert et le romancier Gustave Flaubert.

1° Flaubert (A.-C.), né à « *Mézière* » (Aube) (1), en 1784, mourut en 1846, à *Rouen*, après s'y être distingué en qualité de chirurgien en chef de l'Hôtel-Dieu (durant 34 ans) et de directeur de l'Ecole de médecine. Cette ville « le compte avec justice parmi ses illustrations les plus nobles et les plus pures. » Le buste en marbre de ce célèbre médecin a été placé à l'Hôtel Dieu. C'était un habile opérateur et un artiste de talent : Avec son prédécesseur à l'Ecole de Rouen, le docteur *Laumonier*, il modela des pièces qu'on peut admirer au Musée Orfila.

2° Gustave *Flaubert*, née à *Rouen* en 1821, mort à *Croisset* (Seine-Inférieure) en 1881. « Fils et frère de médecins, M. G. Flaubert, dit Sainte-Beuve, tient la plume comme d'autres le scalpel. » Ainsi que son père et son frère ainé, il était destiné à la médecine ; « mais s'apercevant que l'observation des phénomènes de l'ordre moral convenait mieux à ses aptitudes, il cessa ses études scientifiques pour se tourner vers la littérature ». Certains de ses livres comptent parmi les chefs-d'œuvre du xixe siècle, notamment *Madame Bovary*, *Salambo*, etc.

---

(1) " *Maizières-la-Grande-Paroisse* " est orthographié erronément " *Mézière* " dans les articles consacrés à A. C. Flaubert par le *Grand Larousse* et le *Larousse illustré*,

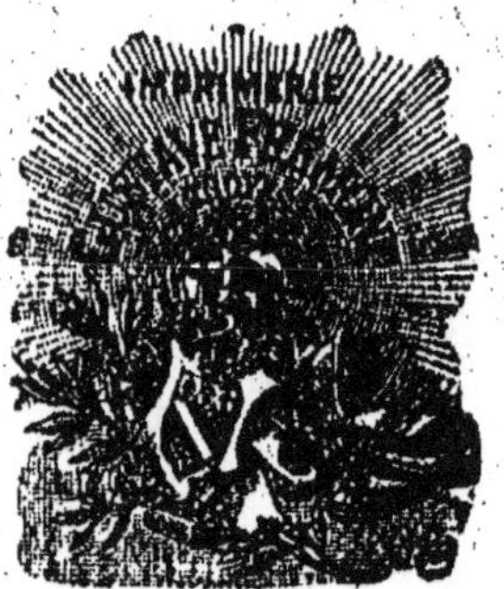

www.ingramcontent.com/pod-product-compliance
Lightning Source LLC
Chambersburg PA
CBHW061248030726
47595CB00004B/1748